体育舞蹈在中国的传播与发展研究

姜淑艳 著

中国纺织出版社有限公司

图书在版编目（CIP）数据

体育舞蹈在中国的传播与发展研究 / 姜淑艳著. -- 北京：中国纺织出版社有限公司，2021.7
ISBN 978-7-5180-8565-1

Ⅰ.①体… Ⅱ.①姜… Ⅲ.①体育舞蹈—文化传播—研究—中国 Ⅳ.①G831.3

中国版本图书馆CIP数据核字（2021）第098244号

责任编辑：余莉花　　特约编辑：王晓敏
责任校对：楼旭红　　责任印制：王艳丽

中国纺织出版社有限公司出版发行
地址：北京市朝阳区百子湾东里A407号楼　　邮政编码：100124
销售电话：010—67004422　　传真：010—87155801
http://www.c-textilep.com
中国纺织出版社天猫旗舰店
官方微博 http://weibo.com/2119887771
三河市宏盛印务有限公司印刷　各地新华书店经销
2021年7月第1版第1次印刷
开本：889×1194　1/16　印张：9.5
字数：170千字　定价：78.00元

凡购本书，如有缺页、倒页、脱页，由本社图书营销中心调换

前　言

当前，我国正处于政治、经济、文化事业飞速发展的时期，人们的物质生活水平大幅提高，这就导致一方面人们对精神文明的追求更多，人们需要更多的娱乐文化活动；另一方面由于营养过剩导致的体质健康水平下降以及形体缺陷问题也越来越突出。在这种情况下，作为人类发展过程中有意识地培养自己身体素质的体育活动就显得尤其重要。在长期的发展中，人们开发了各种体育活动，如田径、球类、武术、登山、自行车、体育舞蹈等等，其中体育舞蹈最具娱乐观赏性且运动性十分突出。

体育舞蹈是一项国际流行的、健与美紧密结合的运动项目，它是以人自身的形体动作为物质手段，通过充满生命活力的韵律，抒发人内心情感的身体活动。体育舞蹈集体育、音乐、舞蹈于一体，具有健身、竞技、消遣、娱乐、审美等功能，不仅能促进身体的均衡发展，更能净化心灵，培养行为美，提高舞者的审美能力，而且与人们日益追求人体健与美的时代精神相契合。

体育舞蹈近几年在我国得到了迅速的普及与发展。在国内，城乡体育舞蹈已然成为广大群众喜闻乐见的一种健身娱乐形式，各种体育舞蹈培训、考级、比赛更是开展得如火如荼。本书希望通过对体育舞蹈及其发展、创作的研究，为舞蹈工作者在创编体育舞蹈的表现形式时紧跟时代脉搏、融入中国元素提供一定的思路和方法；了解体育舞蹈在国内的发展实况，并以各级院校为基地，稳步地推进体育舞蹈的普及和发展；分析如何将自己对本土文化底蕴的理解，有深度地融入体育舞蹈中，让体育舞蹈散发出迷人光彩，让越来越多的国人开始喜欢和习惯欣赏这种健身艺术，促进体育舞蹈在中国的蓬勃发展。

在本书的编写过程中，参考和借鉴了部分学者、专家的理论和研究成果，在此表示衷心的感谢。另外，本书难免有疏漏之处，真诚地希望广大同行和读者对本书提出宝贵的意见。

姜淑艳

2021 年 1 月

目 录

第一章 体育舞蹈的缘起与发展 ... 1

第一节 体育舞蹈的起源 ... 1
第二节 体育舞蹈的发展过程 ... 2
一、西方体育舞蹈的发展 ... 3
二、我国体育舞蹈的发展 ... 6
第三节 当代体育舞蹈的发展 ... 11
一、当代体育舞蹈的发展趋势 ... 12
二、我国当代体育舞蹈的发展 ... 21

第二章 体育舞蹈的功能与价值 ... 25

第一节 体育舞蹈的类别 ... 25
一、摩登舞 ... 25
二、拉丁舞 ... 27
三、团体舞 ... 29
第二节 体育舞蹈的功能 ... 32
一、人体运动学功能 ... 32
二、生理学功能 ... 34
三、心理学功能 ... 36
四、审美学功能 ... 36
五、医学功能 ... 42
第三节 体育舞蹈的价值 ... 45
一、体育舞蹈的教育价值 ... 45
二、体育舞蹈的文化价值 ... 48
三、体育舞蹈的观赏价值 ... 52

第三章　体育舞蹈的文化传播······54

第一节　体育舞蹈文化传播过程······54
一、体育与舞蹈之间的文化联系······54
二、体育舞蹈文化的传播与发展······55
三、体育舞蹈文化在中国本土化发展······57

第二节　体育舞蹈文化传播途径······62
一、体育舞蹈与商贸活动······62
二、体育舞蹈与人口迁移······64
三、体育舞蹈与文化教育······67

第三节　体育舞蹈的国际化传播······69
一、体育文化的国际传播······69
二、体育舞蹈的国际传播······71

第四章　我国体育舞蹈生态现状······75

第一节　我国体育舞蹈发展现状······75
一、文献分布情况统计与分析······76
二、体育舞蹈市场的现状调查······77
三、体育舞蹈在学校的开展······79
四、体育舞蹈在发展模式上的进步······80

第二节　小康社会体育发展中体育舞蹈项目融合力的研究······80
一、小康社会体育······80
二、小康社会体育与体育舞蹈项目的融合······81
三、预期价值······83
四、结论与建议······83

第三节　我国体育舞蹈发展中的生态缺陷······84
一、竞技比赛方面······84
二、市场、教育、创新发展方面······85

第五章　体育舞蹈的创编研究······87

第一节　当今中国舞蹈创作的趋势······87
一、民族化与现代化的融合······87
二、舞蹈创作更注重文化内涵······88
三、舞蹈创作趋向个性化······89

四、舞蹈创作趋向科技化……………………………………………90
　　五、舞蹈创作趋向国际化……………………………………………90
第二节　新时期体育舞蹈的创编思路…………………………………91
　　一、观察体悟生活，了解熟悉生活…………………………………92
　　二、歌颂崇高品格，富于时代精神…………………………………94
　　三、亲近大众，满足大众……………………………………………96
　　四、积累专业素材，全面提高专业修养……………………………97
第三节　体育舞蹈创编的要素…………………………………………99
　　一、动作要素………………………………………………………100
　　二、节奏要素………………………………………………………102
　　三、空间要素………………………………………………………104
　　四、舞蹈立意………………………………………………………104
　　五、舞蹈结构………………………………………………………104
　　六、舞蹈形象………………………………………………………105
　　七、配合协调………………………………………………………105
第四节　体育舞蹈音乐创编的研究……………………………………106
　　一、体育舞蹈音乐的共性与特性分析……………………………106
　　二、体育舞蹈音乐配乐步骤………………………………………109
　　三、音乐的输出……………………………………………………112
　　四、音乐配制过程中要注意的关键问题…………………………112
　　五、结论与建议……………………………………………………113
第五节　竞技体育舞蹈比赛套路的创编研究…………………………113
　　一、竞技体育舞蹈比赛套路创编的原则与依据…………………114
　　二、竞技体育舞蹈比赛套路创编步骤与方法……………………116
　　三、竞技体育舞蹈比赛套路创编发展模式………………………117
第六节　体育舞蹈成套动作的创编……………………………………119
　　一、个人成套动作的创编…………………………………………119
　　二、团体舞成套动作的创编………………………………………121
第七节　体育舞蹈团体舞队形发展变化的探究………………………123
　　一、队形变化总数量的分析………………………………………123
　　二、队形平均速度的变化和空间利用分析………………………123
　　三、团体舞队形图案分析…………………………………………124
　　四、团体舞队形流动变化方式的分析……………………………124

第六章　我国体育舞蹈发展策略及创新路径研究 126

第一节　体育舞蹈发展策略综述 126
一、进一步适应市场经济的发展 126
二、加大体育舞蹈体制改革力度 127
三、推进体育舞蹈协会实体化和职业化发展 127
四、加强科研及高水平教练的培养，打造稳定的体育舞蹈队伍 128

第二节　体育舞蹈中国创新发展路径 128
一、创新发展理论阐述 128
二、"体育舞蹈中国化"的可行性分析 129
三、体育舞蹈中"中国元素"的运用 132

第三节　体育舞蹈创新路径研究 136
一、动作与编排的创新 136
二、团体舞队形的创新 137
三、舞蹈音乐的创新 138

第四节　"体育舞蹈中国化"的问题及优化解决 139
一、"体育舞蹈中国化"发展中出现的问题 139
二、体育舞蹈运用中国元素的优化办法 140

参考文献 142

第一章　体育舞蹈的缘起与发展

第一节　体育舞蹈的起源

体育舞蹈作为一种新兴的体育运动，主要通过人的肢体表演来表现人的内心情感、展现人体之美、力量之美，是一种集舞蹈、体育、音乐为一体的综合表演形式，更是对人的生命本质的体现和表达。体育舞蹈的风格不一，时而热烈张扬，时而委婉含蓄，时而沉静淡雅，极富表现力。

舞蹈起源于人们的生活，旧时在各种祭祀活动和民俗活动中较为多见。体育舞蹈也是源于生活需要，人们通过身体的舞动表达对生活的热爱，展现身体之美，社交、健身健美及娱乐是其主要功能，作为一种高雅而独具观赏性的综合艺术形式，并随着时代的发展，逐渐成为一种体育运动而得以推广。

早期的欧洲宫廷舞"布朗里"，最初也来自民间的生活舞蹈，是人们为庆祝节日或者大丰收而歌而舞。"布朗里"因其表演形式是轮舞，所以也叫圆圈舞，表演时，众人围成一圈，表演期间偶尔穿插简单的队形，以此进行不断地重复表演。表演风格自然随意，情感表达淳朴而奔放。这种形式的舞蹈风格至今在世界的各个角落仍有不同程度的流行。

"宫廷舞"大约形成于12世纪的欧洲上流社会，它不同于民间舞蹈的自由洒脱，在舞步、动作、舞姿等方面都有着严格的艺术规范和礼节要求。"宫廷舞"专属王室贵族，是上流社会的社交型舞蹈，是一种身份的象征，同时也是体育舞蹈的雏形。

14世纪，资本主义在欧洲逐渐兴起，与封建社会相比，人们的生活水平有了很大改善。曾在民间盛行的生活舞蹈也慢慢进入大众视野，甚至成为很多舞会的必备节目。这些舞蹈表现力极强，备受上流社会人士的喜爱，于是这些民间生活舞蹈逐渐走进宫廷，成为皇室贵族社会政治生活的一部分。民间舞蹈引进宫廷后，编舞家们结合宫廷贵族的礼节需要，进行了适当的改编和加工，成为贵族专享的社交类舞蹈。这一时期的舞会种类一般包括宫廷舞会、公共舞会和家庭舞会，而宫廷舞自然就只能出现在宫廷舞会上，专供上流社会的贵族们欣赏和使用，形成了早期的宫廷舞。这一时期的宫廷舞，其政治意义和社交功能更加突出，其动作简单而规范，舞姿高雅而端庄，每一个舞步、每一个神态，都体现着贵族舞者的身份和地位，具有极强的象征意义，也逐渐成为宫廷礼仪的重要组成部分。

16世纪，华丽的队列舞开始在英国民间流行，其中的"乡村舞"最具代表性。"乡村舞"的舞步简单，队形规范。一般在跳舞之前要预设好队形及其变化形式，严格制订好行进路线，然后舞者根据预期的队形设定和变化形式按顺序进行一段接一段的舞蹈。这种舞蹈主要体现舞队整体的动作美感和礼仪规范等。

在英国不同的地区，乡村舞的变体较多，但在跳法和"花样"形式等方面并无太多差别。例如苏格兰地区的里尔舞和斯特拉斯佩舞都是乡村舞的变体，只是名称不一样而已。英国乡村舞对其他国家的舞蹈产生过不可忽视的影响，它被吸收到葡萄牙和丹麦的传统舞蹈中；在法国，被演变出一些独立的变体，其中最有特色的是对话性质的对舞；在北美洲和当地舞蹈的特点结合产生了新的舞蹈传统，包括像弗吉尼亚里尔舞和发展出很多变体的美国方舞等。

到了17世纪，欧洲大陆开始盛行加伏特舞和小步舞。小步舞是双人舞蹈，因舞步为稳重朴实的小步而得名，而盛行于法国的加伏特舞则比较自由活泼，深受人们的喜爱。在欧洲大陆其他国家盛行的体育舞蹈还有很多，比如塔兰台拉舞流行于意大利地区，吉卜赛舞活跃于西班牙，欢快的快步舞则在爱尔兰盛行以及哥萨克舞在俄国广受欢迎等。17世纪中叶，巴黎作为现代城市的鼻祖、高品质生活的代名词，出现了世界上第一个交际舞舞厅，从此，交际舞开始在世界发达国家盛行，并成为社会上流人士重要的社交方式之一。

第二节 体育舞蹈的发展过程

体育舞蹈起源并形成于欧洲大陆，随着改革开放的春风传入我国并风靡一时。体育舞蹈在西方国家的发展经历了百年历程，从最初的民间生活舞蹈演变为宫廷舞，从贵族专属的宫廷舞再发展为具有社交性质的交际舞，并最终成为一种国际舞蹈形式而影响着世界各个国家。体育舞蹈使人们在舞步的变换中进行无声的交流，并充分体现形体及舞蹈的美。我国的体育舞蹈已发展得非常成熟，国际范围内的各种比赛层出不穷，甚至作为2010年的广州亚运会比赛项目。同时，作为新兴的体育项目，体育舞蹈也开始走进高校成为一种体育专业被广泛开展。

一、西方体育舞蹈的发展

（一）西方体育舞蹈发展概述

体育舞蹈在西方的发展主要从 18 世纪中叶开始。这一时期，在维也纳和奥地利农民群体中兴起了华尔兹，经过了半个世纪的发展，这种乡间舞蹈才逐渐被奥地利的上流社会所接受，并一度传至法国的上流社会。18 世纪 60 年代，第一次工业革命在英国发起，并在 18 世纪末开始向西欧大陆推进，法国首当其冲，最早受到英国工业革命的影响。随着社会生产关系的改变，新生资产阶级取代传统资本主义，小步舞等传统老式的交际舞已经不能满足新生阶层的需要，而热烈奔放、自由活泼的舞蹈开始焕发活力，逐渐进入新生资产阶级的舞池，同时复兴的还有民间传统舞蹈，例如在德国南部村落中流传的兰德勒舞和华尔兹舞开始走出大山，面向新世界。华尔兹几乎满足了人们对舞蹈的所有向往，自由浪漫、明媚华丽、激情四溢、情感饱满而丰富。而形式拘泥、舞步偏稳重朴实的小步舞则逐渐退出欧洲上流社会的舞台。华尔兹最终在 19 世纪成为欧洲上流社会社交舞蹈的绝对主角，真正开启了"双人舞"时代的序幕。

华尔兹以其独特的魅力征服了全世界，无论是宫廷贵族还是平民百姓，人们都对华尔兹舞蹈毫无抗拒能力。华尔兹先是在德国和法国上流社会中普及开来，于 19 世纪初流传到英国皇室，深受资产阶级人士的喜爱和追捧，一度出现非华尔兹不跳的场面。然而华尔兹的过度盛行，也受到了各国宫廷势力的排斥，甚至有领导者提出禁跳华尔兹的要求，但越是禁止，其发展就越是迅速，华尔兹如雨后春笋般势不可挡，迅速流传到了世界每个角落。

华尔兹真正的发展是华尔兹舞曲缔造的。约瑟夫·兰纳、老约翰·施特劳斯及其儿子小约翰·施特劳斯从 1825 年开始，不辞辛苦地创作华尔兹舞曲，为华尔兹舞蹈增添了华彩的乐章。1837 年，英国维多利亚女王就职时期，作为"闭合式双人舞"的华尔兹舞蹈终于被英国皇室认可和接受，名正言顺地成了国际社会的社交舞蹈。到了 19 世纪末，华尔兹受到了狐步舞的影响，进而发展为两种风格的华尔兹，即慢速风格的波士顿华尔兹和快速风格的维也纳华尔兹。

19 世纪初，源自非洲的探戈舞开始随着黑奴的贩卖而流传到美洲，并融合拉美民间舞蹈风格。同时阿根廷人又把西班牙哈巴涅拉舞和包利罗舞的某些元素融入探戈之中，形成了独具阿根廷风格的探戈，随后逐渐流传至欧洲大陆得以广泛传播。同一时期，还有许多来自非洲和拉丁美洲的土著民间舞蹈也开始影响着欧洲本土的体育舞蹈。

从 20 世纪起，古典的体育舞蹈形式开始呈现出地域性差异。随着工业革命在欧美国家的兴起和发展，社会生产方式和生产关系发生了翻天覆地的变化，加之英国、法国等欧洲国家殖民地势力在全球的进一步扩张，使全球的舞蹈艺术得到了空前的交流和发展，比如源自非洲黑人的"爵士舞"在美国大陆兴起，阿根廷的"探戈"、古巴的"伦巴"、巴西的"桑巴"等具有鲜明民族特色的舞蹈开始登上英国的舞台，维也纳华尔兹在奥地利、德国等国家盛行，美洲的拉丁舞、美国的狐步舞等舞种都随着舞蹈语言的生成、舞蹈造型的发展而初具规模，并逐渐由古典舞向现代舞流派过渡。

老国标舞即最初国际一致公认的"体育舞蹈"，是由英国皇家舞蹈教师协会于1924年对各国知名"体育舞蹈"的舞步、舞姿整理而来的。其包含七种舞的基本步法规范，更加系统化和规范化。这七种舞即布鲁斯（Blues）、慢华尔兹（Slow Waltz）、快华尔兹（Quick Waltz）、快步舞（Quick Step）、狐步舞（Slow Foxtrot）、伦巴（Rumba）、探戈（Tango）。1950年，由英国ICBD（摩登舞国际理事会）主办了首届世界性的大赛"Black Pool Dance Festival 1950"（黑池舞蹈节），并把规范后的舞蹈命名为国际标准交谊舞，以后每年的5月底，在英国的"黑池"都举办一届世界性的大赛。通过比赛，国际标准交谊舞在世界各地不断推广，其自身也得到了发展。第二次世界大战以后，英国皇家舞蹈教师协会又整理了拉丁舞蹈，并将它纳入国际体育舞蹈的范畴。

1960年，随着拉丁舞正式成为世界交际舞锦标赛的比赛项目，国标标准舞也正式形成了10个舞种两大系列的格局，两大系列分别是拉丁舞和摩登舞。从此，体育舞蹈不仅成为舞蹈艺术中的一朵奇葩，更是体育界的一枝独秀，在1992年第25届巴塞罗那奥运会上，体育舞蹈在奥林匹克赛场上大放光彩，来自世界各地的体育舞蹈艺术家或者说运动员们向世界人民展现了体育舞蹈的非凡魅力，自此体育舞蹈开始进入世界各种体育竞技活动或者比赛之中。如1997年的芬兰拉赫蒂世界运动会、1998年第13届亚运会、2000年第27届奥运会、2001年日本秋田世界运动会、2005年曼谷第1届室内运动会等体育盛会中均出现了体育舞蹈的身影，并开始成为正式比赛项目。

（二）体育舞蹈的国际组织构成

目前，世界上最权威的体育舞蹈组织是国际体育舞蹈联合会（International Dance Sport Federation），英文缩写为IDSF。这是当今业余舞坛中一个至关重要的组织，主要负责管理各国业余舞蹈者、组织协调相关赛事等。

国际性的舞蹈比赛早在第一次世界大战之前就已经有了，不过因为这一时期没有专业的国际性组织，参加比赛的舞蹈者往往代表的仅仅是个人，具有强烈的个人主义色彩。从20世纪30年代起，国际性的舞蹈比赛开始活跃于欧洲的主要城市，尤其是英国式舞蹈在欧洲舞坛中独占鳌头，引领着整个欧洲的舞蹈潮流，并有了基本的比赛规则和标准化程式。

体育舞蹈国际组织的建立并不是一帆风顺的。1932 年，德国社交舞蹈促进协会尝试与英国人合作成立国际业余舞蹈协会无果。三年后，在各方的积极组织和努力下，国际业余舞蹈者联合会（FIDA）作为第一个国际业余协会终于在布拉格正式成立，弗朗兹·布切勒当选为联合会的第一任主席。其成员国主要有英国、法国、德国、瑞士、捷克等国家，挪威、意大利、比利时、加拿大等国家后来也相继加入。

在第二次世界大战爆发之前，FIDA 先后组织了多场国际比赛。1936 年，FIDA 按照国际规则在德国举办了第一次世界冠军赛，这次比赛共有来自 15 个国家的选手参赛，反响很好，之后所有的国际性比赛都由该联合会批准主办，直到第二次世界大战爆发，联合会迫不得已解散。第二次世界大战以后，欧洲冠军赛在奥地利维尔登举行，民间舞蹈爱好者想借此重建联合会，但并未成功，而与此同时的英国却取得了成功。第一个国际专业舞蹈组织——摩登舞国际理事会（ICBD）在爱丁堡正式成立，最初只有 12 个国家入会，其中欧洲国家 9 个。但 FIDA 并未放弃，于 1953 年 7 月在奥地利维尔登再次重建，主席仍然是弗朗兹·布切勒，入会的国家只剩下了联合会成立之初的奥地利、比利时、丹麦、法国、意大利和南斯拉夫等国，芬兰、瑞士、荷兰三国后来相继加入。但不幸的是，因为内部意见分歧，FIDA 在 1956 年慕尼黑决议会议上被终止所有活动。1960 年，FIDA 在德国基尔的会议上尝试再次重建，但以失败告终。1964 年底 FIDA 无奈只能停止了一切协会活动。

在 FIDA 逐渐退出历史舞台的同时，国际业余舞蹈者委员会（ICAD）作为 ICBD 的业余部分于 1957 年正式成立，德国优秀舞蹈家奥托·德培尔当选首任主席。德国、奥地利、意大利、丹麦、瑞士、法国和荷兰的协会首批入会。1958 年，挪威、比利时、瑞典和南斯拉夫的协会也相继入会。

1962 年 5 月 13 日，奥托·德培尔因个人原因辞去国际业余舞蹈者委员会主席的职务，后由德国体育舞蹈协会的亨利治·布洛纳接任，一年后，又由洛夫·芬克担任委员会主席，时隔两年，ICAD 再次更换主席，由德国体育舞蹈协会主席德特洛夫·黑奇门担任。德特洛夫·黑奇门在任期间颇有建树：其与 ICBD 达成了组建联合委员会的协议；1965 年 10 月，签署不来梅协定，正式成立联合委员会。至此，摩登舞国际理事会首度承认 ICAD 可以独立负责国际赛事的批准和主办，同时允许业余裁判员可以担任国际赛事的评委。此后，ICAD 发展得如火如荼，并于 1990 年 11 月 11 日正式更名为国际体育舞蹈联合会（IDSF）。

国际体育联合会，简称 GAISF，是由 80 多个奥林匹克和非奥林匹克国际体育协会组成的联合会。该联合会有权参与国际奥委会（IOC）事宜，可协助国际奥委会管理体育赛事以及会员事宜等。1992 年国际体育舞蹈联合会以全票通过，正式成为 GAISF 的成员。1997 年，在国际奥委会洛桑执委会上，体育舞蹈正式成为奥运会的正式比赛项目。截止到 2020 年，IDSF 共有 85 个会员国，中国也名列其中。

二、我国体育舞蹈的发展

（一）我国体育舞蹈的发展概述
1. 我国古代"宫廷舞"的发展演变

宫廷舞蹈服务于统治阶级，是权力与地位的象征。不同时期、不同政权下的宫廷舞蹈，其表现形式也各有不同，体现着与时代相适应的审美情趣和礼仪规制。统治阶级在政治、经济、文化等方面有绝对的主导地位，但无论是多么高雅的宫廷舞蹈，它最初的起源以及形成均来自民间歌舞，这一点和西方宫廷舞蹈的形成有异曲同工之处。周代、汉代、魏晋南北朝时期、唐宋等各个时期的宫廷乐舞机构，都会不约而同地从民间歌舞中汲取养分，以丰富优化宫廷舞蹈的表现形式，满足统治阶级的审美情趣和统治需要。所以，宫廷舞蹈的发展和演化常常是"与时俱进"的，反映着某一特定历史时期的民族文化内容。

我国的宫廷舞蹈按照功能划分，可以分为以"礼乐"舞蹈为代表的祭祀性舞蹈、以"宴乐"舞蹈为代表的庆典性舞蹈和以"女乐"舞蹈为主的娱情性舞蹈；按照阶层等级来分，可分为两类，一类是皇室专属的宫廷舞蹈，另一类是深受文人士大夫阶层推崇的舞蹈。相比之下，士大夫阶层的舞蹈多为自创性舞蹈，以自娱自乐为主要功用。

在不同的历史时期，宫廷舞蹈的表现形式也各有侧重。西周时期，周公为了维护自己的统治地位，建立了十分森严的等级制度，小到衣食住行，大到朝堂之上，统治阶级生活的方方面面都有着严格的礼仪规制，这就是周朝实行的"礼乐制"，周公通过礼乐制来规范贵族的身份地位，使用的音乐、乐器、舞蹈等有着严格的规制，任何人都不得僭越。传说，天子诸侯所使用的器乐是"金奏"，即钟、鼓、磬之合奏，而大夫和士只能用鼓，而且是单鼓。《云门》《咸池》《九韶》《大夏》《大濩》《大武》作为"六代乐舞"其主要功用是"纪功"，随着周朝礼乐制的推进，"六代乐舞"的主要功用则开始向"祭礼"发展，并明确了祭祀对象和祭祀者的用乐礼规，且必须严格遵守。同时，周王朝为了巩固自己的政权，还专门针对达官贵族创立了进行礼法教育的舞蹈，即"六小舞"，这类舞蹈以舞蹈使用的工具而分别命名，包括《帗舞》《皇舞》《羽舞》《干舞》《旄舞》和《人舞》，这类舞蹈作为宫廷舞蹈无不体现着统治阶级森严的等级意识。

周朝建立的礼乐制度在春秋战国时期，开始随着周朝的没落而逐渐土崩瓦解，开始在诸侯之间越礼使用，即出现了所谓的"礼坏乐崩"。礼乐制度的瓦解，为民间俗乐进入宫廷提供了机会。倡优女乐作为民间俗乐开始走进宫廷的舞池，并逐渐与宫廷舞蹈融合发展。

到了西汉时期，宫廷舞蹈的主要表现形式是"女乐"，其代表人物非戚夫人和赵飞燕莫属。戚夫人是汉高帝刘邦的宠妃，也是西汉初年的舞蹈家。史传戚夫人擅长"翘袖折腰"之舞，其舞姿之优美，舞技之高超，可谓前无古人后无来者，西汉之绝唱。赵飞燕体态轻盈，婀娜多姿，史传她独创的"掌上舞"更是美轮美奂，令观者无不赞叹，可见赵飞燕在舞蹈艺术上的造诣非同一般。"女乐"舞蹈，其风格飘逸轻盈，舞者犹如翩翩蝴蝶，十分灵动优美，深得统治者的喜爱，这种舞蹈风格的形成与当时的世风有很大的关系。自上至下，人们都在追求仙风道骨，而"女乐"舞蹈所表现出来的仙气灵动唯美，满足了统治者的精神追求。

东汉以后，直到魏晋六朝时期，由于社会时局长期动荡不安，人们的悲观主义情绪比较严重，常有"人生苦短"之感叹，这一时期宫廷舞蹈的画风表现出了不同以往的风格，这种风格是自相矛盾的，时而表现出"且活且珍惜"的无奈与淡漠，时而又表现出"今朝有酒今朝醉"的超然与豁达。这类舞蹈，人们美其名曰"清乐"，一是取入世为"浊"出世为"清"之意；二是这类舞蹈被收入"清商乐"之中，遂得名。

佛教在东汉时期开始传入我国，在汉代佛教被视为一种神仙方术，颇得统治阶级的重视。而"清乐"的出现也深受佛教乐舞的影响。隋唐时期，佛教文化达到鼎盛，从西域而来的舞蹈与本土舞蹈如隋朝的七部伎、九部伎和唐代初期的九部乐、十部乐互相融合，形成了兼有西域特点和本土色彩的舞蹈形式，统称为"宴乐"，从文化角度来讲，"宴乐"和"礼乐"皆为文化交流融合的产物，体现着统治阶级的利益。

隋朝的七部伎、九部伎和唐代初期的九部乐、十部乐的整合经历了这样一个过程：《国伎》本在"七部伎"中占主导地位，"七部伎"向"九部伎"过渡时，中原的《清商伎》取而代之；接下来，在"九部伎"到"九部乐"发展过程中，名称开始回归传统古乐，更"伎"为"乐"；"十部乐"以后，乐舞的分类不再以地域为划分标准，而是按照舞蹈的风格进行定位。此外，唐代宫廷舞蹈还有文舞、武舞之分，所谓"文舞"也叫"软舞"，主要有绿腰舞和春莺啭等13种舞蹈；所谓"武舞"也称"健舞"，包括剑器舞、胡旋舞、胡腾舞、柘枝舞等11种舞蹈。唐朝之繁荣，有史可鉴，得益于中外文化的不断交融和整合，这一时期的宫廷舞蹈也呈现出了前所未有的繁荣景象，笙歌燕舞，富贵华丽，蔚为壮观。

绿腰舞在唐朝极为兴盛，在很多唐朝著名诗人的作品中也能找到绿腰舞的影子。绿腰舞为女子独舞，其主要特征是舞袖，其本名为录要或六幺，随着伴奏乐曲《绿腰》的出现而广泛流传。唐代诗人李群玉在其诗作《长沙九日登东楼观舞》中对绿腰舞的动作和舞态做了简单介绍。

胡旋舞具有典型的西域之风，伴奏乐器以打击乐器鼓为主，舞步欢快有力，节奏自由洒脱，动作多以快速的旋转、踢踏为主，所以称为"胡旋舞"。目前在敦煌莫高窟和新疆龟兹的壁画中尚存数量可观的胡旋舞舞女形象，从壁画中即可看出这种舞蹈张扬不羁的西域风格，只见舞者右手向上高高擎起，左手叉于曼妙的腰间，纤纤足尖交叉舞动着，舞女形象呼之欲出。据传西域舞女是在天宝末年由康居国献给唐玄宗的，可见那时宫廷舞蹈之奢靡。

从古代西域传至中土的舞蹈除了胡旋舞，还有胡腾舞。胡腾舞与胡旋舞最大的不同之处是，胡腾舞完全是由男性表演，属于男性舞蹈。胡腾舞的风格豪放粗犷，颇具男子气概，其舞蹈动作多以跳跃、腾转、踢踏为主，所以对腿部力量的要求比较高。胡旋舞则主要以女性舞者为主，男子也可跳，但是身份地位显赫的汉族男子一般不跳，胡人男子则比较擅长，如唐玄宗的宠臣安禄山就是胡人，尤其擅长胡旋舞，而唐玄宗的宠妃杨贵妃更是将胡旋舞演绎得出神入化，倾国倾城，令唐玄宗迷恋其中而不能自拔。胡旋舞以其丰富多变的舞步在中原兴盛长达50年之久，深受宫廷贵族的厚爱。

唐五代以后，大型队舞流行于赵宋王朝的宫廷之中，但是随着赵宋王朝的没落，原本服务于宫廷的乐舞人被迫流散于民间或军营，流落于民间的宫廷乐舞人为"路歧人"，而寄放于军营的则为"左右军"。这一时期的队舞，其特征不同以往，在表现形式上出现了"对白"，并有一定的故事情节，有"戏曲化"发展的倾向，我们称为"戏乐"。

"戏乐"的产生，使宫廷舞蹈开始自上而下发展，逐渐向民间过渡。"戏乐"舞蹈的侧重点不在"舞"，而在于"演故事"，这种会讲故事的舞蹈自然也是统治阶级的教化工具。随着"戏乐"在宫廷舞蹈中的高度发展，故事功能越来越凸显，开始向"戏曲"艺术发展。可以说，"戏乐"成就了"戏曲"，而"戏曲"中也保留了大量的舞蹈元素。明清时期，戏曲艺术不论是在宫廷还是民间都达到了高度繁荣，戏曲中的舞蹈形式也随着戏曲艺术的发展而成为主流，宫廷舞蹈因此得以弱化。此时宫廷舞蹈的残存还能在"家乐"中找到，所谓的"家乐"是那些专供达官贵族家中消遣娱乐的乐舞，舞者一般都是他们蓄养的家伎，她们精晓唱歌跳舞，蓄养家伎这一传统发源于战国时代，兴盛于唐宋，一直延续到明清时期。整体来说，这一时期的宫廷舞开始走向末路。

纵观宫廷舞蹈的发展历程，我们不难看出，在宫廷舞蹈的每一次演变中，自始至终都有一种无形的东西在左右着宫廷舞蹈的每一次变体。万法归宗，宫廷舞蹈的每一次变体都没有脱离"它服务于统治阶级，反映统治阶级意志"的本质。而从形态和功能上来分析，宫廷舞蹈在形态上遵循"负阴而抱阳，冲气以为和"，在功能上体现为"发乎情而止乎礼仪"，追求中庸和平衡之道，符合中国人的精神追求。

2. 近现代我国体育舞蹈的发展

现代意义上的"体育舞蹈"发源自西方，但是这并不意味着我国历史上没有类似的舞蹈形式。实际上，以社交为主要功用的舞蹈形式在汉代便已经出现，一种是宴享乐舞，主要流行于士大夫的宴会上，常以自娱自乐为主要功用；还有一种社交舞蹈和西方初期的"交谊舞"一样，也有着严格的礼仪规制，宴会中，主人要先舞，而后邀请宾客舞，如果主人邀请，而客人谢绝，那就会结下冤仇。这种舞蹈，历史上称为"以舞相属"，该舞蹈始于汉而兴于魏晋。唐朝时期，"属舞"延续发展为"打令"风俗舞蹈，"打令"指的是在贵族的宴会中行酒令的风俗。因此而衍生的风俗舞蹈，其主要功用是活跃宴会气氛、联络感情，也属于社交舞蹈的范畴。根据《宋书》的记载进行分析，"以舞相属"之风最晚在萧梁时代就销声匿迹了，但是并没有完全消失，而是以其他形式进入了戏曲艺术、武术或者宗教文化之中作为其中的一种元素继续发展。这种社交类型的舞蹈不仅在汉族之间存在，在其他少数民族中也有所见，例如清朝布依族的"同耍"、宋朝瑶族的"踏摇舞"、布朗族的"圆圈舞"等。

清朝末年，随着两次鸦片战争的失败，当权者认识到了自己和西方国家的巨大差距，开始派遣学生和官员去西方国家学习先进技术和知识。随着出国人员的不断增多，西方思潮和先进文化不断流传到国内，包括欧美国家时兴的各种舞蹈。他们将舞蹈形式和动作一一记录下来带回中国，并开始有意识地传播。除了口传身授，还通过各种出版物进行传播。比如《星绍笔记》丛书中就记载了不少关于西方舞蹈的内容。

这一时期也出现了专业学习洋舞的人，他们对洋舞在中国的传播也起到了一定的促进作用，其中的代表人物裕容龄，是我国舞蹈史上第一个学习日本舞蹈和西方舞蹈的人，是一名宫廷舞蹈家。她先后随父亲（裕庚，晚清一品官员）出访日本和法国，学习当地舞蹈并学有所成。尤其是在巴黎期间，她拜现代舞鼻祖伊莎多拉·邓肯为师学习了现代舞，后又向那夫尼学习了芭蕾舞，她是最早把芭蕾舞和现代舞传入中国的先驱人物。回国后，裕容龄成为慈禧太后的御前女官，虽然慈禧太后恩准裕容龄跳西洋舞取悦圣上，但是作为大清封建社会的最高统治者，她始终持反对态度，认为西方交际舞有伤风化，不成体统。

19世纪末20世纪初，西方舞蹈自上海登陆，开始在中国崭露头角。此时传播西方舞蹈的主要人群是留洋海归和旅华外侨。1926年交际舞学社（后更名为南国高等交际舞学社）在上海成立，这是中国舞蹈史上第一所专教西洋舞蹈的学校，培养了不少交际舞学员。西洋舞蹈正式在上海落地生根，直到第二次世界大战发生，上海共有舞蹈学校40多家，同时有些学校还引进了国外的教材，开设了正规的舞蹈课程。例如，1932年上海国际舞学社以维克多·席尔维斯特所著的《现代社交舞术》为舞蹈教材，开设了西舞普通科和速成科课程。

随着交谊舞在上海的广泛传播，全国其他大城市也开始广泛流行交谊舞，20世纪30年代末至40年代，延安的防空洞内也曾举办过舞会，可见交谊舞在全国范围内的影响力。根据作家丁玲在其文集中的描述，当时交谊舞在延安窑洞的流行丝毫不逊于上海的三流舞厅，窑洞的环境幽暗，装潢也颇为讲究，老一辈的革命家和领导人毛泽东、朱德、周恩来、叶剑英等都曾在这里展示过自己的风采。尤其是曾在法国留学过的周总理，更是舞技超群，羡煞旁人。交谊舞深受知识青年的喜爱，随着知识青年在全国各地的革命奔走，交谊舞也像星星之火一样，点亮了中国版图。

西方的交谊舞最初也被视为一种反抗封建势力的新兴手段，所以颇受革命队伍的欢迎。交谊舞在延安的流行，是从上层领导开始的，他们从外宾那里学会了交谊舞，继而开始向下逐层传播，最后广泛流行于革命队伍中，为艰辛的革命工作增添了一丝活力。20世纪40年代初，正值革命工作的关键时期，在繁忙的工作之余，中央机关通过组织举办舞会活动以调节工作气氛，缓解工作压力，第一个中央机关舞会是在河北西柏坡举办的。在1937年到1942年这6年的时间里，每逢周末或者节日晚会都少不了交谊舞节目，直到1942年整风运动的全面展开，交谊舞的影响力开始在革命队伍中渐渐褪色。

1949年，随着中华人民共和国的成立，人们欢天喜地，热情活泼的"交谊舞"淋漓尽致地表达着人们对新生活的向往。交谊舞活动在全国自上而下广泛开展，各种内部舞会，工会、妇联等组织各种舞会层出不穷，国家领导人与民同乐，同跳"交谊舞"，全国上下一片祥和。到了20世纪五六十年代，随着我国同苏联和东欧国家进一步的关系往来，"交谊舞"活动在全国范围内备受百姓的欢迎，活动普遍开展。20世纪70年代后交谊舞在我国的发展就此告一段落。

1978年，我国开始实行"对内改革，对外开放"的政策，即"改革开放"。这一政策的到来，开启了我国面向世界的大门，"交谊舞"也因此重新焕发生机。1979年，美国杨柏翰大学舞蹈团第一次来中国演出，带给中国观众一场前所未有的视觉盛宴。德国不伦瑞克"体育舞蹈"俱乐部的来华演出，让我们对体育舞蹈有了更加直观的认识和了解。

为了尽快和世界文化接轨，提高体育舞蹈在我国的影响力和发展速度，我国从1984

年开始邀请国外的体育舞蹈专家来我国进行实际教学和表演，大多数专家来自欧美国家和日本。1986年，受中国对外友好协会的邀请，日本国际体育舞蹈大师成濑时博先生来到中国，进行体育舞蹈的专业教学活动，我国体育舞蹈事业开始逐渐走向正规化和专业化。1987年，我国首次举办了"国际交谊舞比赛"，反响良好。1989年，"中国国际标准舞总会"正式成立，该会由中国舞蹈家协会组织成立，并积极与日本、英国、美国等国家进行体育舞蹈交流活动，同时，来自其他国家的体育舞蹈专业团队也不断来华演出和教学。随着体育舞蹈在我国的进一步发展，体育舞蹈开始走进高校，成为一门专业课程。

（二）我国"体育舞蹈联合会"的成立

1991年5月3日，我国第一个《体育舞蹈竞赛规则草案》出台，"中国体育舞蹈运动协会"成立后在全国范围内广泛开展体育舞蹈培训和演出活动，同年举办了全国首届"体育舞蹈锦标赛"，该比赛每年都会举办一次。1993年12月，我国首次举办世界性公开赛——"世界杯体育舞蹈锦标赛"分别在北京和上海举办，该比赛被世界体育舞蹈职业总会所认可。我国体育舞蹈事业起步晚，要想迅速赶上发达国家的步伐，除了虚心学习，还要加强对外交流，积极引进学习国外顶尖水平的体育舞蹈，发展壮大中国体育舞蹈事业，提升竞技水平。1995年5月，我国的体育舞蹈第一次走出国门登上了世界的舞台，参加了在英国举办的第70届国际体育舞蹈锦标赛。随着体育舞蹈被国际奥委会的承认，1997年体育舞蹈开始作为正式运动项目进入各种运动会。

自中国体育舞蹈运动协会成立以来，先后正式加入摩登舞国际理事会（ICBD）、世界舞蹈及体育舞蹈理事会和国际体育舞蹈联合会（IDSF）等组织。不仅得到了世界的关注和认可，也在世界体育赛事中获得了诸多奖牌。2000年8月，中国体育舞蹈运动协会在北京召开了代表大会并进行了改组换届。2002年，中国体育舞蹈联合会正式组建。我国"体育舞蹈联合会"建设宗旨是普及体育舞蹈在中国的发展，扩大中国体育舞蹈的国际影响力，加强世界体育舞蹈的文化交流，建立中国和世界人民的友谊。

第三节 当代体育舞蹈的发展

体育舞蹈作为一种运动的同时，也作为一种舞蹈，它所展示的是个人精神面貌和文化素养，反映到一个民族，它所代表的就是民族气质。作为舶来品，我们必须深入挖掘它的文化内涵，并结合我国本土人文素养需求，最大限度地发挥体育舞蹈在全民健身中发挥的积极作用，体现深层次的"人文理念"，展示中国人的精神面貌和运动风采，提高国人的身体素质和舞蹈素养。

一、当代体育舞蹈的发展趋势

（一）体育舞蹈的多样化发展趋势

随着体育舞蹈在我国的广泛引进以及人民生活水平的提高，单一的体育舞蹈形式并不能满足人们日益增长的精神需求，体育舞蹈的多样化发展自然应运而生。在我国，现代舞和拉丁舞是最受广大群众欢迎的两种舞蹈形式。这两种舞蹈的风格明显不同，有各自的受众群体。其中现代舞中最受大众喜欢的是华尔兹和探戈，拉丁舞中最受欢迎的则是恰恰。相对风格活泼自由的拉丁舞来说，现代舞比较优雅，舞步较为规范严谨。而拉丁舞的舞步则相对简单，易学易跳，大众容易掌握。

体育舞蹈的多样性势必决定了体育舞蹈发展的多样化。从体育舞蹈的发展历程来看，体育舞蹈的多样化发展是必然的，具体体现在以下三个方面：

第一，体育舞蹈的不断发展和传播决定了体育舞蹈多样化发展的必然性。体育舞蹈在人们日常生活中扮演着重要的角色，作为一种重要的娱乐方式，它不仅有利于人们的身心健康，同时还具有一定的社交意义。体育舞蹈只有不断发展才能满足人们日益提升的精神需求。从历史角度来看，不同时期的体育舞蹈满足着人们的不同需要，形成了不同的舞蹈风格和种类，体育舞蹈事业也因此不断发展壮大。从这种意义上来讲，人们对体育舞蹈多样性的需求促成了体育舞蹈的多样化发展。

第二，体育舞蹈市场的逐步扩大也是决定体育舞蹈多样化发展的因素之一。市场的大小取决于市场的需要，随着人们生活水平的不断提高，人们的娱乐需要越来越强烈，体育舞蹈的市场需求自然随之扩大。建立体育舞蹈事业完善的市场机制，使其健康深入地发展，是保证体育舞蹈市场良性扩大和发展的基础。从国家层面来说，国家文化部门的政策导向也是决定体育舞蹈多样化发展的一个重要因素，必要的资金扶持、积极的政策导向、充分刺激市场需求、遵循市场发展规律等，都是促进体育舞蹈事业良好发展的必要前提。

第三，体育舞蹈的教学、创作和比赛活动也是决定体育舞蹈多样发展的方向之一。随着网络技术的广泛应用，体育舞蹈的教学模式和比赛活动开始从线下转到线上。2020年因为疫情的关系，往年的全国体育舞蹈锦标赛就从线下转移到了线上，并取得了良好的反响。另外，体育舞蹈的创作也开始多元化发展。近年来，我国诞生了为数不少的优秀体育舞蹈原创作品，比如曾经在中国杯总决赛上大放异彩的《夜上海》，从舞蹈主题、故事结构、角色安排等方面进行了全方位的设计和创编，同时融合双人舞与团体舞的优势，打造了体育舞蹈与舞台剧相融合的艺术特色，突破了传统体育舞蹈的表现形式，给世界观众留下了深刻的印象。

（二）体育舞蹈的健身效果日益突出

体育舞蹈的健身效果表现在生理健康和心理健康两方面。首先，体育舞蹈作为一项运动，具有很好的锻炼效果，其能量消耗不亚于羽毛球、网球等体育项。据测定，体育舞蹈的能量代谢值为7.57，而网球的能量代谢值则为7.30，羽毛球的能量代谢值为8.0，略高于体育舞蹈。其次，作为一种舞蹈，体育舞蹈除了起到锻炼作用，还能塑形瘦身；同时，作为一门人体艺术，其还有抒发情感、促进社交、愉悦身心的功用，有利于人们的心理健康。可以说，体育舞蹈的功用是多方面的，这也是体育舞蹈受广大群众欢迎的原因。

1. 体育舞蹈对生理健康方面的影响

（1）对运动系统的影响。运动系统的功能体现在三个方面：支持、运动和保护。支持系统依附于骨骼系统和肌肉组织的构成，撑起了人体以头颈、四肢和躯干为主要构成的基本形态；运动系统的组成依赖于骨、骨联结和骨骼肌三种器官，骨通过骨关节的联结以不同形式组织在一起构成了骨骼系统，为肌肉系统提供了支持，在神经系统的作用下，通过肌肉收缩和骨联结、骨骼肌的配合，构成了运动系统，负责肢体动作的发生和结束；运动系统的第三个功能是保护功能，具体体现在对胸腔、腹腔、盆腔以及颅腔内部器官的保护。

体育舞蹈对骨关节有好处。体育舞蹈的表现需要调动全身多方位的运动，从头到脚无一例外。通过转颈、摆胯、升降、倾斜、反身等舞姿动作的各种变换，锻炼了骨关节的灵活性和柔韧性。同时，体育舞蹈非常注重肌肉力量，比如拉丁舞的扭胯动作，就是体育舞蹈肌肉张力的最好体现，它不同于其他舞蹈的松垮，而是追求"柔而不懈、刚而不僵"的表现效果。长期从事体育舞蹈项目，可对于增强肌肉力量，增强关节的稳固性及灵活性，提升关节的负荷能力等均有良好的效果。

体育舞蹈对塑形健身有益处。体育舞蹈是体育与舞蹈的结合，也是力量与艺术的结合。体育舞蹈对腰肌力量和腿部力量的要求比较高，很多俊美仙逸的动作都需要腰肌力量和腿部力量的完美配合才能呈现。体育舞蹈的专项形体训练尤其能增强女性的腰腹肌以及腿部力量，使腿部线条更加紧致健美，同时可以消除多余的身体脂肪，使身体各部分肌肉组织都能得到有效持续的锻炼和加强。总之，长期从事体育舞蹈锻炼不仅可以使形体曲线优美，肌肉有力紧致，还能提升人的整体气质。

（2）对心血管系统的影响。人体的心血管系统就如同汽车的发动机系统，是人生命体征的动力系统。心血管系统也可以理解为血液循环系统，由心脏、动脉、毛细血管和静脉四部分组成。心脏犹如身体的发动机，通过有规律的收缩与舒张，将血液运输到身体的各个部位，供给足够的营养，维持生命系统的正常运转。

体育舞蹈是一种健康的有氧运动，长期锻炼可以促进血液循环，优化心血管系统，加快新陈代谢，提高心肌功能，对预防心血管疾病和高血压、高血脂等疾病有明显作用。据测定，体育舞蹈的最高心率为：女子197次/分，男子210次/分。

（3）对神经系统的影响。如果说心血管系统是人体的发动机，那么神经系统就是人体一切活动的"司令部"，人体的所有活动都需要神经系统的干预和调节，神经系统是生命体的主导系统，联系和操控着生命体内各个组织、器官的内部活动和外部反应。人体的大脑皮层是最高的神经中枢，控制着人体的一切身体活动和思维活动，并能随着环境的变化而做出适应性调节。

体育舞蹈对神经系统的影响主要体现在以下几个方面：首先有利于改善神经系统的调节功能，提高神经系统对人体活动时的应变能力；其次可以提高大脑的工作效率，体育舞蹈可以有效转移大脑皮层的兴奋中心，使原来高度兴奋或者始终处于劳动之中的脑神经细胞得到充分的休息，因此体育舞蹈可以加快血液循环，能够快速为脑神经细胞补充氧气和营养，提高大脑的工作效率。另外，体育舞蹈伴有音乐，在旋律和节拍的作用下，可以刺激人体分泌激素酶和乙酸胆碱等物质，可加速血液流量，刺激神经细胞，调节人的情绪，消除疲劳；此外，体育舞蹈对神经—体液调节系统也有一定的作用，经常进行体育舞蹈锻炼，可以有效维持人体的稳定状态，使神经系统对兴奋和抑制的调节能力更加完善。

（4）对呼吸系统的影响。呼吸系统，是对吸入空气中的氧气、呼出二氧化碳的一系列器官的总称。呼吸道和肺部构成了呼吸系统的主要部分。呼吸系统具体由鼻腔、咽、喉构成的上呼吸道和由气管、支气管构成的下呼吸道两大部分组成。呼吸道由软骨支撑以保证气流有足够的输入和输出空间。肺分布于胸腔左右各一个，与支气管相连，支气管内肺泡与呼吸膜共同作用，使氧气在血液中完成交换，从而实现身体各处获得充分氧完成新陈代谢，新陈代谢过程中产生的二氧化碳最终再经过血液循环到达肺部，在呼吸系统的作用下排出体外。

经常参加体育舞蹈锻炼，首先，可以有效提高膈肌的收缩和放松能力，对于促进肺部组织的生长和扩张、提高肺活量有很大帮助，从而加快新陈代谢，提高人体机能；其次，对呼吸器官的机能也具有积极作用，长期进行体育舞蹈锻炼可增强呼吸肌的力量；再次，体育舞蹈多要求舞者要挺胸抬头、收腹提臀，这样的舞姿有利于扩大胸廓；最后，体育舞蹈运动员经常采用胸式呼吸，这种呼吸方式可以加深呼吸深度，提升肺泡的弹性，有效增加了肺部的气体交换效率，有利于肺部健康发育，加快身体新陈代谢的速度。

2. 体育舞蹈对心理健康方面的影响

（1）对积极情绪的影响。情绪的产生是一个复杂的过程，情绪是各种生理变化引起的知觉或者反映。积极的情绪对人体的身心健康以及社会适应能力都有一定的影响，可以有效促进身体健康，减少疾病的发生，提升生活质量，而负面情绪则容易诱发疾病。有研究证明适当的体育锻炼可以起到调节情绪的作用。体育运动可以刺激肾上腺素的分泌，促进大脑分泌多巴胺，这种物质可以使人产生愉悦感，从而降低抑郁、焦虑等负面情绪对人的影响。

生物学角度认为，舞蹈的产生源于人的心理需要。心理需要得到满足，容易使人产生积极的情绪。情绪反映的是人的需要与客观事物之间的关系，而体育舞蹈是一种可以同时满足人类身体需要和心理需要的客观事物，可以给人带来积极而良好的情绪反映，使人快乐愉悦。通过进行体育舞蹈锻炼，人们可以获得赞美、肯定、自信、满足等良好的情绪，有助于塑造健康的性格、积极的生活态度，有利于身心健康。

（2）对意志品格的影响。一个人的意志品格并不是天生的，而是在后天的行为习惯中逐渐养成的，在心理状态上表现为正确积极的价值观、人生观、世界观以及良好品格、性格和行为习惯。通常一个人的认知、性格、习惯及其生活的环境决定了他的意志品格趋向。

意志品格的培养同时受个体认知、个性特点、兴趣习惯和环境几个方面的共同影响，任何一个元素的缺失都有可能使意志品格培养体系崩塌。这几个方面必须作为一个有机的整体共同作用于意志品格培养的过程。个体的体育价值观和理想信念认知，是意志品格培养体系的核心，起主导作用；个性以及兴趣习惯则是意志品格培养的内在驱动力，而环境则是保护意志品格培养体系的外衣，这几个方面互相联系，互相支撑，缺一不可。

体育舞蹈作为体育锻炼项目之一，对个体意志品格的培养有着重要意义。首先，是体育舞蹈这种集舞蹈和体育于一身的特殊运动，极具艺术美感，比常规的体育项目更容易让人喜欢和接受，选择体育舞蹈来培养优秀的意志品格更具有可行意义；其次，体育舞蹈也属于竞技体育，竞技体育项目更容易激发人的斗志和决心，它要求参赛选手不仅要有良好的体舞技能，同时也要有过硬的心理素质、顽强的拼搏精神以及坚定的信念，而这些优秀品质都要通过长期刻苦的训练获得。

（3）对自我观念的影响。自我观念体现在三个方面：一是自我评价，二是自我认同，三是自我激励。自我评价主要体现在个体对自我价值的评价，自己与外界关系的评价，自我效能的评价；自我认同主要体现在对自身价值和能力的认同以及自身发展的认知；自我激励主要体现在个体能动性，即个体对自我社会适应过程中出现的积极或负面影响所做出的反应。其中，自我评价是自我认同的前提，而自我认同则是自我激励的条件。相比之下，自我评价更为重要，它决定了一个人是否自信，是否能够积极正确地认识自己，以及如何对待他人对自己的看法。自我观念是心理学领域的核心内容，它直接关系到个体的自我评价。人对外界事物的一切反应都源于个体的内心，自我观念影响着一个人的价值观、世界观和人生观，是个体最本我的体现，外人或者外界环境难以干预或者调解。自我观念作用于个体自身，在其复杂的心理活动中调节着与现实的矛盾所在，从而自我建立行为方向、过滤认知以适应外界的变化和要求。

体育舞蹈对于积极自我观念的构建和引导具有明显的作用。具体表现在体育舞蹈的优美、高雅可以重塑个体对自身形体、气质、性格等方面的信心，对身体和心理可以起到积极的调节作用。

（4）对人际交往的影响。人不是孤立地存活于这个世界上，人的社会性构建了人与人之间的关系，即人际关系。良好的人际关系能使人保持心境平和，生活愉快幸福。人际关系包括很多方面，有血缘关系、地缘关系、业缘关系、趣缘关系等。建立良好的人际关系对人一生的发展都至关重要。

现代社会分工多样而细致，很多工作都不是靠一个人就能完成的，能否建立良好的人际关系往往是影响工作效率的重要因素。良好的人际关系能够促进信息资源的交流和共享，现代社会是信息社会，谁掌握了信息，谁就掌握了发言权。如果没有和谐的人际关系作为基础，信息的获得就会滞后。另外，对个体而言，良好的人际关系也能帮助个体树立信心，创造更好的业绩。体育舞蹈本身就是一种社交舞蹈，从它诞生开始，就服务于人们的社会交往。掌握一两种舞种，在适当的社交场合中能使自己快速找到归属，通过舞蹈与目标对象建立起初步的人际关系。

综上，体育舞蹈的益处数不胜数。体舞舞蹈作为一种高雅的社交性舞蹈，不仅可以强身健体，还能调节心理，有助于建立良好的人际关系和健康的生活习惯。通过参与体育舞蹈可以舒缓情绪，调节压力；可以认识更多的朋友，拓宽眼界。随着生活水平的日益提高，体育舞蹈也必将得到进一步的发展，让现代人的生活更加幸福美好。

（三）体育舞蹈表演化倾向的增强

体育表演是伴随着体育活动而产生的。春秋时期的"弄潮"，秦汉时期的"角抵戏"，汉代、北宋时期流行的歌舞百戏等都属于我国古代体育表演项目。其中"角抵戏"发源于战国时期，秦统一六国之后，才有了"角抵戏"这一名称。据《汉书》记载"作角抵戏，三百里内皆观"，可见当时"角抵戏"受百姓欢迎的程度，场面十分壮观热闹。19世纪末期，随着欧洲、日本等国的入侵，军队的"兵操"和"普通体操"也相继成为当时体育训练和表演的部分内容。中华人民共和国成立以后，为了增强国人的体魄，中央领导号召全面普及体育运动，强身健体，增强人民体质，面向全国广泛开展各种体育活动。"人人都锻炼，天天上操场，为祖国健康工作50年"的口号深入人心。1951年11月24日，中华全国体育总会公布了第一套成人广播体操，受到广大人民群众的热烈欢迎。每天，成千上万的人跟着广播音乐做操，这是中国历史上破天荒的新鲜事。全国范围内开展的各项体育活动，也丰富了人们的文化娱乐生活。1995年，《全民健身计划纲要》正式颁布，从学校到社区，从党政机关到地方企业，从天南到地北，全民健身活动在全国范围内广泛展开，同时也诞生了不少体育表演项目。

从舞蹈的角度来讲，体育舞蹈本身就具有鲜明的娱乐特征。人们在欣赏体育舞蹈的同时得到了身心上的愉悦，而作为体育舞蹈运动员本身同样也能获得表演带来的愉悦。体育舞蹈运动员所展现的优美的舞姿、华丽的服装、精湛的舞技、精致的妆容、高雅的气质、饱满的情感等，都能带给观众审美的享受，满足了人们的审美需求。体育舞蹈所呈现的艺术观赏性和艺术感染力充分发挥了体育舞蹈的娱乐作用，让人们的身心得到了双重满足，有利于健康人格的塑造和积极情绪的培养，从大的方面讲，甚至对社会秩序的稳定也有一定的积极作用。自1998年体育舞蹈成为表演项目那一刻起，体育舞蹈的娱乐性便日益凸显，成为众多电视节目的亮点。同时，电视节目的播出也对体育舞蹈起到了积极的宣传作用，得到了大众的广泛认知和赞誉。

不同于绘画、音乐、摄影、书法等艺术形式，体育舞蹈以表演为媒介，表达或者表现人体美、运动美和舞蹈美。虽然戏曲、戏剧艺术也是以表演为媒介，但两者要表现的内容却有天壤之别，戏曲戏剧艺术的侧重点在于讲故事、塑造人物形象，而体育舞蹈的核心则是表现人体本身，是一门独立的表演艺术或者运动项目。体育舞蹈同样要求舞蹈演员具有极高的艺术表现力和运动能力，以展现体育舞蹈与人结合后的独特魅力与风采。体育舞蹈的语言是人的肢体动作语言，这一特性决定了体育舞蹈与众不同的特殊性：一是肢体动作语言的表达；二是在音乐旋律的配合下，通过肢体动作语言的表达进一步完成情感的表达；三是将生活中的情感抽象升华为肢体语言进行直观性的表达。人物情感始终贯穿在舞蹈演员动作的力度、幅度、线条上，以及人物的面部表情中，每一个微妙的动作、表情都能展现出人物的思想情感，人物的激情表现均能通过肌肉骨骼的运动得到淋漓尽致的表达。不难看出，体育舞蹈本身是肢体动作语言和情感表达相互转化、相互表现的艺术表演形式。

(四)体育舞蹈与民族文化艺术的融合

在漫长的人类历史发展进程中,不同地域的民族都形成了自己本民族独特的文化,包括人类针对自然而创造的物质文化,诸如生产工具、衣食住行的方方面面等均属于物质文化的范畴,也包括人类针对自身而创造的精神文化,诸如科学艺术、宗教民俗、语言文字、艺术体育等属于精神文化的范畴。民族文化是一个民族的灵魂,也是本民族赖以生存和发展的根基。所以说,体育舞蹈在我国的发展要以民族化发展为根本,这是体育舞蹈在我国实现真正落地生根的必要发展方向。

舞蹈文化、体育文化均发源于人类的生产活动和生活活动中,不断满足着人类的文化需要,是民族文化主体精神的表现。民族文化对体育舞蹈产生着深刻的影响,不同民族的体育舞蹈,其风格各异,表现在舞姿、体态、艺术表现、服饰、装扮、道具以及音乐伴奏等多方面的不同,都有着鲜明的民族特色和地域特点,反映的也是本民族独特的文化特点和审美需要。对于一个地域来说,文化是相对稳定的。但是自从有了人类,人类的迁徙活动就从未停止过,原文化随着人类的迁徙进入新的地域,继而与新的地域文化发生不断的碰撞和融合,从而逐渐形成这一地域特有的文化。随着全球经济的发展,不同地域不同民族之间的文化融合将会愈加频繁。在新的时代背景下,体育舞蹈与民族文化艺术也在不断发生融合,体育舞蹈在我国的发展同样也具有鲜明的中国特色。

体育舞蹈具有鲜明的地域色彩和民族特色,如阿根廷的拉丁、巴西的桑巴、西班牙的斗牛舞等都具有鲜明的民族特色和民俗特点,这种民族舞蹈在特定的地域反映特定民族的生存哲学和文化,其深度和广度上的文化意义不可估量。地域性的体育舞蹈往往带有浓郁的民族色彩,舞蹈中反映着该民族深厚的文化底蕴。体育舞蹈并没有因其独特的地域而使魅力衰减,相反,它所表现出的异域风情深受世界各地舞蹈爱好者的喜爱和欢迎。艺术无国界,体育舞蹈和民族文化的融合会让体育舞蹈走得更远。

体育舞蹈在中国的发展势必也要融合我国的民族文化艺术。融合我国的民族文化艺术发展本土化体育舞蹈,从而通过全球文化交流走向世界,这一过程就是民族文化世界化过程,而这也注定是体育舞蹈发展的必经过程,同时也是民族文化通过体育舞蹈走向世界的过程。巧妙地将中国传统文化元素融入体育舞蹈,并使其绽放出新的光彩,是体育舞蹈中国化发展的趋势,同时也是中华文化复兴的基本思路,不仅是体育舞蹈,所有的艺术形式都可以成为传播中华文化的载体。

(五)体育舞蹈社会化趋势的发展

体育舞蹈社会化的过程,就是通过一定的组织管理手段,使社会大众主动加入体育舞蹈这一活动中的过程,从而使体育舞蹈成为社会大众共享的体育文化。体育舞蹈向社会化和现代化发展的过程需要遵循社会活动自身的规律性。一旦体育舞蹈成为一种以"社会"为媒介的群体活动,其自身势必要受到内部规律的影响和制约:首先,会产生相应的社会组织,如各种习舞组织或者集体;其次,会产生相应的社会活动对象,如体育舞蹈的教练和学员;再次,会产生相应的社会活动目的,如各种形式的体育舞蹈比赛、交流活动和表演等;最后,会产生特定的社会活动行为规范,如体育舞蹈的专业性要求等。

1. 体育舞蹈社会化趋势的必要性

社会不断向前发展,很多不可避免的问题也随之而来,如环境污染、工作压力大、生活节奏加快、食物精细化、体育锻炼匮乏,以及营养过剩等一系列问题严重影响着国人的身心健康。年轻人猝死率升高、"三高"等"富贵病"开始年轻化、儿童肥胖症患者逐年增加、青少年近视率逐年升高,发育过缓或者过快的儿童也是屡见不鲜,国人的健康问题日渐明显。加强体育锻炼势在必行,迫在眉睫。

体育舞蹈作为一项有氧运动,可以有效消耗身体摄入的过剩能量,提升身体各项机能,可以有效消除疲劳,缓解心理压力;同时,体育舞蹈对青少年的视力发育也有一定的好处,可以有效缓解眼部疲劳;体育舞蹈对于培养孩子的机体协调能力也有一定的作用;作为一项社会活动,体育舞蹈有助于调动个体的集体意识,满足人们社会交往需要的同时可以开拓自己的社交圈,丰富业余生活。

2. 体育舞蹈社会化发展的途径

(1)将体育舞蹈引入学校体育课堂。体育舞蹈走进中小学或者高校的体育课堂,是面向全社会普及和推广体育舞蹈最为行之有效的措施。不论是对学生还是对体育舞蹈事业的发展都具有重要意义。

当代学校的体育观与以往相比,有了较大的改观,它所发挥的功用不再是单纯的强身健体,而是结合时代和社会的实际需要,培养身心都能够适应未来社会发展的人才。学校体育教学的培养目标、形式、内容和规模都发生了明显的变化,这种变化是积极健康的。体育舞蹈集综合性、娱乐性、社交性、体育性于一体,恰好可以适应当今学校体育教学的目标,满足了体育教学的个性化需求,丰富了学校体育教学的内容,而且最大限度地调动了学生进行体育锻炼的积极性。对于女士而言,体育舞蹈可塑形瘦身,满足了她们对形体美的追求;对于男士来说,体育舞蹈可锻炼肌肉组织,满足他们对力量美的追求。体育舞蹈不受个体年龄、性别、性格的限制,任何人都可以根据自己的兴趣选择适合自己的体育舞蹈。学生可以在优美的旋律中自由舞蹈，展现学生们的年轻风采与青春活力。同时，技多不压身，掌握一种或者几种体育舞蹈，可以让学生终身受益，在以后的学习和工作闲暇之余，可以通过这项技能来缓解学习和工作压力；体育舞蹈的社交性还可以促进学生的社会化发展，为其以后走向工作岗位打下坚实的基础。

（2）加强媒体对体育舞蹈的宣传。体育舞蹈的宣传要从多方面入手，首先作为国家的体育主管部门要面向全社会进行有针对性的宣传，让社会大众认识和了解体育舞蹈；其次各级学校要向广大学生群体普及和推广体育舞蹈，将体育舞蹈作为体育课程的一部分，让学生亲身体验体育舞蹈的魅力；再次应充分利用多媒体（电视、网络、报刊等媒体）的传播速度快、传播速度广的特点，对体育舞蹈进行最为广泛的传播，比如中央电视台体育频道播出的大型体育舞蹈赛事活动以及体育舞蹈电视教学节目等就有不错的宣传效果，随着网络时代的到来，各种自媒体的兴起有着更为突出的宣传优势，所以要充分开发、利用网络媒体对体育舞蹈进行最为广泛的传播；最后，值得一提的是，随着广场舞的流行，体育舞蹈爱好者在活动广场中的体育舞蹈表演无形中也对体育舞蹈起到了积极的宣传作用。

（3）培养高素质的社会体育舞蹈指导员。在宣传和普及体育舞蹈的工作当中，社会体育舞蹈指导员发挥着不可替代的作用。首先要加大体舞师资力量的培养，各大体院和体委应以国际体育舞蹈教材为基准，开放设计适合国内学员的体育舞蹈课程，为高素质体育舞蹈师资力量的培养提供保证；积极开办各种以培养专业体舞教练为主要教学目标的培训机构，为宣传和推广体舞提供充足的师资力量。注重数量的同时也要注重质量，社会体育舞蹈指导员的培养要注重德才兼备，全面提升体舞师资力量的综合素质。一个高素质的体育舞蹈指导员不仅要有专业的体育舞蹈基本素养，还要有坚韧的思想意志品格、健康的体魄以及过硬的业务能力，愿意为推动体育舞蹈的社会化发展贡献自己的一份力量。

体育锻炼在广大群众的日常生活中扮演着重要角色，它不仅是大众强身健体的锻炼手段，也是人们调节身心、增进情感交流的主要工具。在美妙的音乐伴奏中，身体跟随着旋律翩翩起舞，时而如蝴蝶戏舞，时而如蜻蜓点水，它不追求传统体育项目的"更快、更高、更强"，而是强调人体美和舞步轨迹的整体美感，具有强烈的艺术美感，更具观赏性。鉴于体育舞蹈的诸多优越性，相比于传统体育项目，更容易在社会中全面普及。随着社会的进步以及体育项目的多样化发展，群众可选择的体育项目也越来越多，不难预见，未来的群众体育活动将呈现出多样化和现代化特点。

（六）体育舞蹈的国际化发展趋势

当一个民族的体育舞蹈完成了民族本土化发展，那么下一个阶段就是国际化发展。拉丁舞就是体育舞蹈国际化发展最好的例证。首先，本土体育舞蹈文化的形成和积淀需要一段很漫长的时间，发展过程中不能"闭门造车"，故步自封，而要及时借鉴学习发达国家的舞蹈技术水平，在此基础之上融入本土的优秀文化元素，形成本土化风格，进而逐步扩大本土体育舞蹈文化的国际舞台影响力。

（七）体育舞蹈的人文化发展趋势

从最初的交谊舞演变至今天的竞技体育项目，体育舞蹈始终坚持"以人为本"。体育舞蹈的人文化就是要充分考虑人的需要，最大限度地满足人的健身需要、审美需要和心理满足是体育舞蹈未来发展的新趋势。它不再是单纯的竞技项目，而是更加关注体育舞蹈本身的人文价值和艺术价值。这就要求体育舞蹈在编创过程中，要始终以人的需要为根本前提，在题材、内容、主题以及情节安排等方面要尽量融入人文要素，体现艺术观赏性和人文内涵。

综上，体育舞蹈的发展趋势最终是由社会经济的发展和人们日益增高的精神需求决定的。体育舞蹈的创新和发展也是基于人的发展而进行的。我们当下的新时代是一个多元化、国际化、民族化的时代，体育舞蹈也必将朝这一方向发展。体育舞蹈在我国已经进入了高速发展期，具有中国特色的优秀体育舞蹈作品屡屡在国际体育舞蹈大赛中获得嘉奖，在社会大众中的普及也更加广泛。中国体育舞蹈的创新发展也给其他国家带去了灵感和启发，使其也尝试着融入本土文化元素，同时，一些经典的中国传统文化元素也被积极引入他们的体育舞蹈创编之中，这说明中国体育舞蹈的发展思路是正确的。同时，我们也要时刻保持清醒的头脑，不能骄傲自满，毕竟我们与西方发达国家的水平还不能同日而语。

二、我国当代体育舞蹈的发展

随着我国综合国力的提升，人民对精神生活的要求也越来越高，在这一精神需求下，体育舞蹈在我国获得了前所未有的发展态势。体育舞蹈也从最初的纯娱乐性舞种演变为现在兼具竞技性和艺术性的新型舞蹈形式。体育舞蹈的魅力表现在节奏的明快、舞姿的高雅以及音乐风格的热情与活泼，是人们所追求的较为时尚的舞种之一。

体育舞蹈的审美特征符合我国特有的审美习惯。20世纪80年代中期，就在我国民众还痴迷于交谊舞的学习中时，体育舞蹈走进了人们的视野。那些还没来得及学会三步和四步的人们，开始被体育舞蹈深深吸引。人们对热情时尚的摩登舞和极富有拉美风情的拉丁舞颇感兴趣，电视上常见的各种体育舞蹈比赛，为国人打开了一扇认识体育舞蹈的大门，自此体育舞蹈开始逐渐在中国的大街小巷传播开来。

中国体育舞蹈运动协会自成立以来，一直致力于两方面的工作，一是致力于我国专业体育舞蹈事业的管理和发展；二是致力于体育舞蹈事业在我国社会群众中的发展和普及。自2000年协会改组以来，陆续颁布下发了体育舞蹈的各项政策和管理办法，积极组织策划承办了各种级别的体育舞蹈比赛。在国家体委的支持和协会的共同努力下，我国从事体育舞蹈锻炼的人越来越多，参与比赛的人数也日渐攀升，体育舞蹈作为《全民健身计划纲要》的项目之一取得了长足的发展。尤其是近几年，随着教育行业的发展，体育舞蹈开始走进各种少儿舞蹈培训班和机构，每年报考体育舞蹈的艺术生也越来越多。2019年，单是河南一省的统考人数就有3000人，体育舞蹈事业的发展可谓蒸蒸日上。

进入千禧年之后，我国的体育舞蹈事业开始与国际接轨，我国选手频频在国际舞台的赛场上崭露头角。虽然我国的体育舞蹈事业起步晚，但是我们的选手不甘落后，虚心学习，勤学苦练，终学有所成，并在国际舞台上大放光彩。从2000~2019年，国际体育舞蹈公开赛多次在中国举办，我国体育舞蹈选手多次获奖，表现突出。

随着我国经济的不断发展，人民生活水平的稳步提升，我们拥有了自我发展的能力。坚定文化自信，尊重市场发展规律，坚持传承与创新，为我们的舞者提供最好的舞台，最好的发展空间，让世界看到体育舞蹈在中国的蓬勃发展，汇聚各方面力量合力打造具有"中国特色、中国精神与中国自信"的体育舞蹈文化。

2003年12月，我国首支国家体育舞蹈明星队诞生。他们通过巡回表演，促进各地体育舞蹈的均衡发展；在重大国际赛事中代表中国参赛，以体现我们的最高水平。2004年，我国职业新星拉丁组栾江和张茹在黑池大赛中夺冠而归，实现了零的突破。2004年世界青年标准舞锦标赛中，中国队获得一枚金牌。在少年拉丁舞的决赛中，来自中国山西的石磊和魏梦丽击败了韩国选手，夺得金牌。2004年，在中国绵阳国际职业体育舞蹈公开赛6个大项较量中，中国选手夺得3枚金牌、4枚银牌、1枚铜牌。这是中国选手参加世界体育舞蹈大赛取得成绩最好的一次。

世界舞蹈及体育舞蹈理事会副主席波波夫曾经高度评价中国在体育舞蹈中的快速进步及表现。一个国家有3000多万名体育舞蹈爱好者，在世界上是不多见的，中国在未来一定会成为世界体育舞蹈的大国。中国体育舞蹈在参与人数与技艺提高方面均有不错的表现，是世界上发展最快的国家，世界看好中国在体育舞蹈中的发展和表现。

2005年5月第80届英国黑池舞蹈节上，在职业新星拉丁舞锦标赛中，广州的选手获得了职业新星拉丁舞的冠军。同时，在摩登舞21岁以下组比赛中，来自上海的杨超和谭轶凌获得了冠军，实现了中国选手摩登舞黑池冠军零的突破。

2007年5月第82届英国黑池舞蹈节上，在职业新星拉丁舞锦标赛中，深圳的赵亮和张丁芳也夺得了冠军。同时，由著名国标舞艺术家尹卫东、龙卫敏带领的广东文艺职业学院国际标准舞专业学生，以《太空拉丁》的舞蹈，夺得拉丁团队舞冠军，这是他们连续三年获得此项殊荣。随着选手水平的进一步提高，他们在此后的"黑池"舞蹈节中转入了水平最高、竞争最激烈的职业组。

在2008年的"黑池"舞蹈节中，选手赵亮和高雪最终获得大赛最高级别职业拉丁舞第15名；另外，在国际赛场人气急升的新组合陆宁和张丁芳获得第21名，张劲和罗文清，邵克强和杨娜分别获得27名和34名。选手杨超和谭轶凌获得业余标准舞第8名的佳绩，这已经是本次大赛亚洲选手在这个组别的最好成绩。

2009年，选手赵亮和高雪在"黑池"大赛中表现出色，再接再厉，最终杀入十二强。能进入黑池前十几名的选手都是世界各地顶尖的舞蹈高手。2010年广州亚运会上，中国代表团更是囊括了体育舞蹈项目全部10枚金牌。中国已经跃然成为亚洲体育舞蹈第一强国。

2014～2015年，中国体育舞蹈更是满载荣誉。2014年，拉丁舞退役选手陆宁和张丁芳、摩登舞职业选手杨超和谭轶凌首次登上黑池讲习会，这是中国国标舞的骄傲。2015年，国家地区舞蹈理事会NDC（中国）主席张相国获得了风云人物贡献奖。这个奖项已设立有60年历史，是世界舞蹈总会最高奖项，每年只有5人能获此奖，由世界舞蹈总会东尼·本先生亲自颁发奖杯，因此也叫"主席奖"。

近年来，我国体育舞蹈发展迅猛。2015年4月24～26日在武汉华中科技大学光谷体育馆举行的WDSF世界体育舞蹈大奖赛暨中国体育舞蹈公开赛就是最好的例证。这项赛事由世界体育舞蹈联合会（WDSF）、武汉市人民政府、中国体育舞蹈联合会共同主办，武汉市体育局、武汉市体育总会和武汉市体育舞蹈运动协会承办，其受重视程度可见一斑。世界体育舞蹈大奖赛是世界体育舞蹈联合会举办的最高级别赛事之一，参赛运动员代表当今世界体育舞蹈运动的最高水平，2015年是该项赛事连续第二年在武汉举办。根据赛事报名统计，共有57对国际选手报名参赛，世界排名前12名的选手悉数参赛，中国有103对选手参加此项顶级赛事。与世界体育舞蹈大奖赛同期举行的还有中国体育舞蹈公开赛（武汉站），此项赛事属于中国体育舞蹈界的最高级别赛事之一，共有来自全国21所大专院校的近2600名选手报名参赛。

由此可以看出我国体育舞蹈具有良好的发展态势，它不仅可以建立友谊，陶冶情操，而且还给人带来美的享受，对促进中国竞技体育的发展和精神文明建设及物质文明建设，发挥了积极的推动作用。因此，为充分发挥体育舞蹈的社会作用，我们应拓宽渠道，促进体育舞蹈在中国的发展。

第二章 体育舞蹈的功能与价值

第一节 体育舞蹈的类别

按照体育舞蹈的国际分类标准,体育舞蹈包括摩登舞(现代舞)和拉丁舞两个项群,10个舞种。其中华尔兹、探戈、狐步、快步及维也纳华尔兹(快三步)属于摩登舞(现代舞),伦巴、恰恰、桑巴、斗牛及牛仔属于拉丁舞。按照竞技项目分类,体育舞蹈分为个人赛和团体赛,个人赛即摩登舞和拉丁舞的个人比赛,团体赛一共有8对选手参加,是两个项群的混合比赛。

一、摩登舞

摩登舞运动员的着装颇为讲究,男士的标配是身穿燕尾服或者摩登西服套装并打领结,女士则要穿优雅的长裙,发型要端庄正式。摩登舞比赛只确定优胜顺序,不对运动员进行具体打分,最终按照排名先后确定前三名。

(一)华尔兹

现代华尔兹是经过传统华尔兹不断改良而来,吸收融合了欧洲奥地利、瑞士等国家的舞蹈而逐渐形成。华尔兹最早起源于17世纪的德国,原是乡间舞蹈,其风格绚丽、柔和、欢快,深受人们的喜爱,后来逐渐流传到欧洲其他国家,并经过这些国家的不断改良再次流传到欧洲各地。第一次世界大战之后,经过改良的华尔兹由英国流出,后影响至世界。华尔兹的音乐尤为华丽动人,带有叙事性特点的音乐,善于抒情表意,既浪漫又婉约,加之华尔兹的动作主要以旋转为主,其舞姿优雅华丽,颇受现代人的喜爱,流传广泛。

(二)探戈

探戈被视为摩登舞项群中的一朵奇葩,极富有个性,其舞步、音乐、风格、舞姿等方面都表现得与其他舞种格格不入。关于探戈起源于何时何地,目前已难以考证。根据该舞蹈的风格特点，有人推断它来自南美洲地区，也有人认为源自吉卜赛人的舞蹈。根据史料能追溯到的记载是1900年，探戈因舞姿另类怪异而受到法国巴黎教会的强烈排斥，很快便消失在了人们的视线中。1910年后，探戈在美国开始崭露头角。一位来自阿根廷的舞蹈教师把探戈带到了美国并受到了关注，逐渐形成了舞姿较为优雅、颇具绅士风度的美国式探戈。不过好景不长，在1914年前后，美式探戈也开始逐渐没落。虽然发展不顺畅，但在世界各地还有所流行，比如在英国的探戈就较为传统，始终保持着探戈传入英国时的神秘和另类，音乐高亢热烈，舞步怪异有力，颇有一番雄赳赳气昂昂的气势，被视为现代标准探戈；而流行于中国台湾的探戈则是从美国传入的，节奏相对缓慢，舞姿较为优雅，舞步悠闲自由，更具有社交意义，加之台湾地区流行歌曲的流行，探戈在此地区可谓经久而不衰。探戈的音乐为2/4或4/4（2/4拍），每分钟为31～33小节。

（三）狐步舞

狐步舞最早起源于何地尚不可知，普遍认为是在20世纪初期流行于美国，舞蹈风格颇具美国之风，舞姿舞步宛若行云流水，舞步相对简单，动作流畅自然、轻松优美。但是竞技中的狐步舞则不完全相同于美国狐步舞的特点。竞技狐步舞的舞蹈和音乐的风格基本沿袭美国之风，但不同的是，出于竞技的需要，舞步的动作难度加大了，在所有的舞种当中，狐步舞被视为最难驾驭的舞种，要想流畅自如地展现出高难度的舞姿，必须有深厚的基本功才行。狐步的音乐为4/4，重音在第一及第三拍，每分钟约28小节。

（四）快步舞

在摩登舞项群中，舞速最快的莫过于快步舞，其舞步灵活轻快，舞姿伶俐多姿。快步舞的动作多以直线移动为主，节奏较快，舞步干脆利索，不拖泥带水。出类拔萃的舞者极其善于把握音乐的快慢节奏，在演绎快步舞时极富有表现力，时而如迅雷，时而如磐石，动静有致，张扬而稳重，舞姿洒脱自如。所以在表演快步舞时，要做到心中有数，配合着音乐的节奏把握舞步的快慢，不能太过急于表现，以致适得其反。快步舞的音乐为4/4，每分钟约50小节。

（五）维也纳华尔兹

维也纳华尔兹也称快三步，在摩登舞项群中，历史最为悠久，当年盛极一时的音乐家施特劳斯及其儿子曾经为维也纳华尔兹谱写了很多脍炙人口的舞曲并流传至今。维也纳华尔兹又称为圆舞曲或宫廷舞，该舞种风格欢快自由，常用来活跃宴会或者舞会气氛，因此自诞生之日起就颇受宫廷贵族的欢迎。维也纳华尔兹的舞步并不多，多以快速的左右旋转为主绕着舞池飞舞，有时也会加入原地旋转，女士舞者裙摆飞舞，男士舞者神采奕奕，舞姿华美。维也纳华尔兹的音乐为 3/4，每分钟为 58~60 小节。

二、拉丁舞

拉丁舞源自非洲舞蹈，随着非洲移民迁入拉丁美洲而逐渐与当地舞蹈融合而成。拉丁舞在发展过程中不断丰富壮大，继而又形成了伦巴、恰恰、桑巴、斗牛、牛仔等新舞种。拉丁舞这种舞蹈艺术主要以肩部、腹部、腰部、臀部的运动为主，参与运动的相关肌肉多达上百块，是各个舞种中锻炼效果较为明显的一个。

（一）伦巴

伦巴是拉丁舞中最具代表性的一个舞种，有拉丁舞之灵魂的美誉。伦巴通常是学习拉丁舞的入门舞种。伦巴常以表现唯美的爱情故事为主，因此其音乐富于抒情性，比较柔和浪漫，舞蹈动作主要以强调女性的体态美为主，男女舞者之间的距离保持得恰到好处，若即若离，浪漫唯美。

（二）恰恰

恰恰是土生土长的拉美舞蹈，起源于墨西哥，也是拉丁舞中受众最广的舞蹈。恰恰与伦巴有不少相通之处，但相比之下，恰恰的舞蹈风格更加活泼欢快，其舞姿洒脱帅气，活力四射，这一点与伦巴的风格完全不同。恰恰的音乐节奏为 4/4 拍，速度每分钟为 30~32 小节。有趣的音乐、欢快有力的节奏、花哨的舞姿、干净利索的舞步，使恰恰颇受世界人民的喜爱，并在世界各地广泛流行。

恰恰舞的音乐极具特色，音符通常是跳音或者短音，辨识度很高。音乐节拍有 4/4 和 2/4 拍，恰恰舞曲最合适的节拍是 32 小节每分钟，但表演时却经常使用每分钟 34 小节的节奏。恰恰舞的音乐一般从第二拍开始，作为前进或者引导。开始时，男女舞者的双脚要略微分开站立，男士重心在左脚上，第一拍开始时，男士右脚向后侧跨一小步，女士则是左脚向左跨一小步，然后男士左脚前进，女士右脚则随之后退，然后跟着拍子进行基本动作。拍子的数法"慢，慢，快快，慢""踏，踏，恰恰恰"和"2，3，4，and 1"，几乎所有的舞步遵循的都是这种数拍方法，其中"2，3，4，and 1"这一数拍方法仅用于舞蹈教师协会筹办的各种考试和比赛中，在平时的舞蹈训练中不多用。在英国，有些舞者则以音乐的第一拍开始左脚前进，拍子为"1，2，恰-恰-恰"，这种方法更适合初学者，容易上手。在握持和脚步动作方面，恰恰舞和伦巴是相同的。

（三）桑巴

桑巴舞最早是非洲人用于宗教仪式中的祭祀舞蹈，后来随着黑人奴隶被贩卖到巴西而流传到巴西巴伊亚，并与当地文化吸收融合而逐渐形成了今天的桑巴舞。"桑巴"音译自葡萄牙语 Samba，是深受巴西人们热爱的舞蹈形式和音乐类型，现已成为巴西和巴西狂欢节的代表文化，极具象征意义。其中，里约热内卢的桑巴之———圆圈桑巴舞于 2005 年列入人类非物质文化遗产代表作名录。桑巴舞热情似火，富有激情，音乐热烈，情绪饱满，舞姿张扬豪放，富有动感。桑巴舞的音乐节奏为 4/4 或 2/4 拍，速度每分钟为 50～52 小节。

（四）斗牛

斗牛舞在拉丁舞中是最能彰显男人魅力的舞蹈。斗牛舞虽然是根据西班牙的斗牛场面创作而来，但它真正的起源却在法国，后来在西班牙得到了长足的发展和兴盛。斗牛舞男女双方扮演的角色不同，男舞者象征着斗牛士，身手矫健，勇猛果敢，刚劲有力，女舞者代表的则是用于斗牛的红色斗篷，英姿飒爽，舞态优美；动作方面，男舞者的舞步潇洒利落，强劲有力，无胯部扭动，常常表现出一种勇猛果敢、勇往直前的大无畏气势。斗牛舞的音乐雄壮奔放、铿锵有力、富有激情，淋漓尽致地表达了斗牛士的果敢与勇猛，同时也表达了西班牙人对自由生活的向往以及对英雄主义的崇拜。斗牛舞的音乐为 2/4 拍，速度每分钟为 60～62 小节。

（五）牛仔

牛仔舞发源于美国，流行于美国南部。1944 年，英国舞蹈教师 Victor Silvester 出版了一本关于牛仔舞的书，这是牛仔舞最早的文本记录。牛仔舞由舞蹈"吉特巴"逐渐演化发展而来，另外，摇滚、美国摇摆舞以及波普等也对牛仔舞有一定影响。相比"吉特巴"，牛仔舞摒弃了"吉特巴"的难度动作，多了一些技巧性的动作。牛仔舞的风格活泼，音乐轻快，舞步轻盈有趣，颇受人们的喜爱。跳牛仔舞时，舞者的手脚关节都比较放松，舞步轻松自由，身体舞动自然，通过不断的转圈旋转与舞伴交换位置。由于牛仔舞的节奏比较快，很容易消耗体力。牛仔舞通常都会被安排在比赛的最后，这样的安排会让观众认为舞者的体力很好，依然能够投入极高的热情表演牛仔舞的魅力。牛仔舞的音乐节拍为 4/4

拍，每分钟为 42~44 小节。

拉丁舞的五个舞种，各有各的特点，各有各的风格，各有各的内涵：优雅婀娜的伦巴、活力四射的恰恰、热情四溢的桑巴、强劲有力的斗牛、轻松有趣的牛仔，可谓争奇斗艳。另外，拉丁舞的整体特点是浪漫、随意、热情、休闲的，所以拉丁舞的着装和配饰风格也要尽量偏向于拉丁舞的特点，穿搭要得体大方，能充分表现舞蹈和舞者本身的魅力。

三、团体舞

团体舞通过变换不同的队形而呈现体育舞蹈（摩登舞和拉丁舞）的魅力。参加团体舞的人数通常是 16 人，男女队员共 8 对。团体舞不同于个人赛，其灵魂在于队形的编排。一般来说，一个动作要由 8 对选手共同表演并通过某一个队形来具体呈现，动作要尽量和谐统一，所有的队形变化都要尽量符合形式美的规律和法则，如此才能呈现出高标准的团体舞艺术形式。关于团体舞队形的变化次数目前没有明确的规定，整体看来，在正规的竞技性团体舞比赛中，一套队形变化的次数大约在 30 个。据统计，目前世界锦标赛团体赛前 6 名的团队中，队形变换最多的是斯洛文尼亚队，他们平均 5 秒变换 1 个队形，一套下来共 38 个；队形变换次数最少的是荷兰，平均 10 秒换一次队形，共有 24 个。

（一）团体舞的队形分类与基本形式

团体舞的队形分类按照队形的空间移动轨迹可以分为几何图队形和线条队形两大类。三角形、正方形、平行四边形、长方形、圆形、梯形、菱形以及十字形、品字形、箭头形、双箭头形等较为复杂的队形等均属于几何图队形；线条队形主要包括直线、曲线、平行线、弧线等队形，其中直线队形又可以分为横队、纵队和斜排队形；还有一些由几何图形与线条图形混合编排的队形，如三角形与直线、圆形和斜线等编排的队形。

团体舞队形的基本形式有动静之分，动者为移动性队形，静者则是相对静止的队形，相对静止的队形也是团体舞中最基本的队形，通常表现为在场上固定的位置由 8 对选手完成相关动作形成队形，常见的有一字形、方形、长方形、八字形、三角形、圆形、弧形等；移动性队形则是通过规律有序的移动来达到队形的变换，通常要求 8 对选手根据自己的队形在场地上按照事先预设好的运动路线、速度、方向进行移动，完成队形变换。如常见的横排向前移动的一字形、"S"路线的移动形、复圆的内外移动等都是较为典型的移动性队形。这两种基本形式在团体舞中互相变换，互相配合，通过不停地变换形成了各种各样的清晰图形，令观者赏心悦目。但一般来说，为了更好的舞台表现，移动性队形在团体舞中的使用频率更多，但是如果没有相对静止队形这片"绿叶"的衬托，团体舞的魅力也会大打折扣。所以，一个高级的团体舞编排师一定会合理安排移动性队形和相对静止队形的搭配，使其相得益彰，大放光彩。

（二）团体舞队形与动作

1. 相对静止队形的特点与动作的关系

之所以说相对静止的队形是"相对"的，是因为8对选手在形成某一队形时并非处于完全静止的状态，他们也会有相应的动作变化，这种变化是动作形式上的变化，而不是位置上的变化，如利用动作的高低、快慢、方向、动静等形式来表现场上的运动变化，利用观众的视觉习惯使其看上去产生了不同的特点。

直线队形包括左右排列的横队与前后重叠的纵队。这两种队形都比较适合做一些相对简单的动作，容易形成和谐统一的形式美，可以给人以整齐划一、刚劲平衡的视觉感。横队常以舞姿造型来表现队形相对静止和平衡的统一状态；纵队前后重叠，男女舞者也可进行左右移动或者交换位置等简单的舞姿动作，这几种形式均可以形成较为连贯顺畅的气势之美，但不宜过分使用，以防产生视觉和审美疲劳，削弱观众的注意力。

方形作为几何图形队形中常用的一种形式，常用来表现连续重复的舞姿，会形成非常强烈的视觉效果，如华尔兹这种以旋转为主的舞蹈就可以用这种形式来表现，但是要求极其苛刻，进行旋转动作时，要求转体自然，角度准确，动作完成得要干净利落，如此才能给人以稳定平衡之感；三角形常用来表现节奏性比较强的动作，可产生整齐划一的力量美；圆形则常用来表现较为连贯的动作，可形成行云流水之势；不同步动作经常混用几何图形和直线形混合队形、T字形等来表现；而梯形、平行四边形等常用来表现纵横交错、多样统一的队形之美。

2. 移动性队形的特点与动作的关系

移动性队形的侧重点在于空间上的"移动"。场上的8对选手保持一定的队形，通过空间上不同的运动形式，根据队形要求采用不同的运动路线、方向和速度，在一定的空间内完成预设好的队形，舞蹈要表达的主题在不断的队形变化中得以淋漓尽致地展现，观众也能够根据自己的思维空间进行充分的联想，尽最大可能满足人们的视觉审美需要。

（1）有线移动性队形的特点与动作的关系。直线移动性队形因其移动形式为直线形移动，直线运动给人以庄严、端庄的肃穆感，这一特点决定了直线移动性队形适合用来展现较为刚劲、雄壮的动作之美，尤其适合表现男性舞者的力量美。

横排正面直线前移和两横排依次交错前移，这两种移动形式均可以给人强烈的视觉冲击，有一种勇往直前势不可挡、"雄赳赳气昂昂"的视觉感。

纵队移动队形可分为两路纵队交错移动、多路纵队移动、纵队左右移动性等多种编排形式。整体来看，两路纵队的交错移动在形式上有激荡之美；多路纵队移动更适宜用来呈现团体舞的形式美感，使舞者在时空关系上呈现出高度的统一和谐之美，这种移动形式要求每个舞者都要有过硬的基本功，全员之间要形成高度的配合默契；纵队左右移动可以呈现出整齐划一的节奏韵律之美，常用来表现连续旋转性的动作；另外还有沿对角线移动的斜排和纵队径直向前移动的形式，这两种形式均可以在距离上形成一种由远及近或者由近及远的延伸感。辐射状移动的直线队形，常表现出一种激情四射的奔放之感，一般多用来展现节奏轻快活泼、跳跃性比较强的快步舞。

"Z"字形的移动则综合利用了斜线和横线移动的特点，从一个方向果断地向另一个方向快速突进，动作干净利落，适宜用来表现探戈舞；弧线和S线的移动则更加注重线条的流畅之美和开阔感，适合用来呈现比较柔和的舞蹈。

（2）几何图形移动性队形的特点与动作的关系。几何图形的形状虽然各有不同，但是在运动轨迹上，它们都遵循几何图形的共性，有相同的基本移动面和运动轴，同时，几何图形因其结构不同而形成了不同的特点和风格。

圆形移动可分为大圆、中圆、小圆及复圆图形。圆形移动的形式也比较丰富，一种是所有选手按照同一方向进行舞动，这种形式的移动可带来轻松愉悦之感；一种是8对选手每4对一组，分别向相反的方向进行"8"字形移动；还可以是4对选手向外移动的同时，另外4对选手向圆心移动，产生同心圆的效果。小圆一般用来间断呈现男女舞者不同层次的相对静止的造型动作，常给人紧凑、流畅之感；从小圆的相对集中到大圆的逐渐扩散，多采用幅度较大的旋转性动作，舞姿移动宛若细腻的流水，令人啧啧称奇。

"品"字形、十字形等结构形式相对规则的移动队形，在广度和深度等空间表达上更加深刻，场上的每一个空间似乎都被选手占据了，可形成场面宏大之感；而一些相对不规则的移动队形，其表现形式则比较灵活，可形成新奇之感。

3.团体舞队形的变化方式

（1）直接变化。这种变化方式简单而迅速，由一种队形直接变换为另一种队形，效果呈现出干净、利落的特点。队形变化可以从简单到复杂，也可以从复杂到简单，或者从直线队变成平行线队，只要合乎形式美的规律和法则即可。

（2）移动变化。这种变化方式是团体舞中最常用同时也是最富有表现力的。通过既定的运动方式有规律地移动成为另一种队形。这种变化方式要求队形变换前后要紧密衔接、一气呵成，转承启合自然合理，可形成浑然一体的流动之美。

在团体舞比赛中以上两种形式常常混合使用，通过不断的队形转换，形成了美轮美奂的舞蹈队形和优雅别致的图案。如在团体舞比赛中变化次数最多的斯洛文尼亚队，其队形转换转承启合自然合理，段落鲜明，特点突出，表演精彩绝伦。直接变化的使用率相对较低，但在成套的团体舞队形编排中，直接变化又是必不可少的元素，在具体编排时，务必保证直接变化和移动变化紧密有序地结合，使其过渡自然，相得益彰，如此才能达到动静结合、有简有繁的艺术效果。

第二节　体育舞蹈的功能

从艺术角度看，体育舞蹈是集舞蹈美、形式美、音乐美、服饰美于一身的观赏性艺术形式；从体育角度看，体育舞蹈是集运动美、力量美、气质美、形体美、技术美于一身的运动项目。体育舞蹈是运动与艺术的结合，是舞蹈美与力量美的体现。体育舞蹈可以让人们获得审美上的满足、身体上的锻炼、精神上的追求和艺术上的体验。体育舞蹈是最具有艺术魅力的体育运动，它自身拥有的很多优势，可以激励人们主动参与到这项运动中来，享受音乐、舞蹈和运动带来的身心上的愉悦和满足。体育舞蹈发挥的功能主要体现在人的生理和心理、运动和审美四个层面。

一、人体运动学功能

从广义上来说，运动是人类从事一切活动的基础，无论是生产劳动还是生活劳动都离不开人体的运动。从狭义上来讲，运动特指在体育活动中身体的运动。体育界一直以来都很重视对人体运动学的研究，人体运动学主要研究人体的运动机理、形式以及运动规律等方面的内容，这一研究对于如何进行有效的体育活动具有重要意义。

人体运动学的研究起源于西方国家，文献记录最早见于 1890 年的《教育体操专用运动学》一文，该文由瑞典人撰写，据此不难推测，人体运动学的理论研究在 18 世纪就已经开始了。随着科学的不断发展，19 世纪以后，人体运动理论学的研究迈上了一个新的台阶，开始运用力学原理来研究运动学，更具科学性。直到 20 世纪 40 年代左右，以美国为代表的其他国家在此基础上做了进一步的相关研究，力学知识、心理学、人类学、摄影学等知识和技术开始广泛运用于人体运动学研究，并取得了突破性进展。如 1931 年德国人奥赛罗茨基发表的《心理运动学——人体运动学的研究方法》中就运用了心理学知识；

1949年，美国人斯科特、柯尔顿在其主编的《健康、体育、娱乐研究方法》一书中论述了运用力学知识和摄影技术对人体运动学进行研究的方法。

到了20世纪50年代，随着机械、电子技术的高速发展，相关学者开始使用肌电描记、电子测角计等设备对人体运动进行更加深入的研究。1960年，德国玛依涅尔在结合前人研究的基础上，根据自己的研究成果，出版了《人体运动学》一书，该书着重论述了三个方面：一是体育活动范畴中运动的起源与发展；二是运动形式的本质特征；三是运动实践之于运动学理论发展的意义，其中着重论述了人体运动的形式以及外部形态。该书于1977年再版，并对第一版的内容做了更加丰富的修订和补充，综合利用多种学科知识论述了人体发育特征及其与运动技能学习的关系，总结了人体运动的规律和过程。

20世纪60年代以后，人体运动学的研究逐渐从理论转到了竞技领域，研究项目开始细分，并逐渐形成了不同的领域，相关的出版物也随之增加，人体运动学的研究呈现出一派繁荣景象。在以德国为代表的德语系国家，人体运动学的研究开始不断从解剖学、心理学、生理学、生物力学等学科中汲取营养，并与运动训练学、体育教学论一并成为三个重要的综合性学科，鉴于对多种学科的吸收和运用，人体的运动规律、运动学习的研究和实践也因此取得了长足的发展。

20世纪80年代后，科学技术的发展更上一层楼，人体运动学的研究也更加精细化。在之前研究的基础上，学者们开始倾力探究骨骼肌肉系统与人体运动的关系和相关机制，而要想达到预期的研究目的，必须使用更加精密的实验仪器以完成更加精密的拍摄任务、更加精准的测量任务等。这一时期的运动学研究开始向生物力学方面发展，与生物力学的关系越来越密不可分，甚至因为有些学者的研究过分依赖生物力学，致使运动学和生物力学的概念界限模糊，一度导致这一学科的命名也发生了分歧，开始出现了诸如"体育中人的运动技能的学习""人类运动的科学""技能研究"和"运动技能学习"等命名。

进入21世纪以后，人体运动学的理论和实践研究更进一步，尽管存在着不同的流派和学术观点，但不影响人体运动学与时俱进的发展。人体运动学的研究对象以及研究目的决定着这门学科发展的多样化、实用化和综合化。人体运动学的研究意义在于运用科学、合理的理论知识指导运动员、广大人民群众、体育爱好者进行科学、健康的运动和锻炼，它是服务于人的，这样的研究目的决定了这门学科必然要汲取运动医学、动力解剖学、运动心理学、运动生理学、运动生物力学、体育教育学、训练学等学科的知识和营养建立和丰富自己的理论体系，从而指导大众进行正确健康的运动，进而促进体育事业的发展，提高全民体质。

除了向多样化、实用化和综合化方向发展，还要向定量化方面发展。随着科学技术的进步、互联网的发展，人体运动学的研究也越来越趋向于现代化、信息化、系统化、数据化。如在研究人体运动学的过程中，灵活运用数学知识，借用计算机来实现人体运动学理论与科学研究的定量化发展，更加科学、更加深入地探究人体运动的规律。

如今，人体运动学作为一门综合性学科，将人体运动的规律机制作为研究对象，深入研究运动理论，为实践体育运动提供指导意义和理论支持。体育舞蹈是一项特殊的体育运动，这种特殊体现在它的综合性，它集音乐、运动、艺术、形体、竞技等多种元素于一体，展现人体美、舞蹈美、运动美、节奏美、韵律美等，通过不同形式的技艺表现来表达不同的情感，能在精神和身体上同时获得满足，这种体育活动形式是符合人体运动学基本规律的。

随着社会生产力的日益提高，机器逐渐取代了人力，体力劳动越来越少，人们的工作效率也越来越高，工作时间的缩短大大增加了人们的娱乐时间，丰富多彩的文体活动开始成为人们日常生活中不可或缺的一部分。人们开始追求健康的健身娱乐方式，对体育锻炼的内容、形式和效果都有了更高的要求，体育锻炼的多样化与个体追求的个性化并存发展，体育舞蹈这种既能舞又能运动的体育活动则满足了大部分人的审美和健身要求。

体育舞蹈自清朝末期传入我国后，虽然几经起落，但是并没有影响它在我国的长足发展。尤其是随着改革开放的不断深入，人们生活水平的不断提高，体育舞蹈在我国的普及越来越广泛，是全国各地群众最为喜闻乐见的一种体育活动。体育舞蹈的综合性特点决定了它可以实现身体的全面发展和锻炼，体育舞蹈的动作、音乐以及男女舞者之间的配合，都体现着舞者各方面的能力，同时也锻炼着舞者的各方面能力。大量的实践证明，体育舞蹈是强身健体、修身养性的有效方法，具有明显的运动学价值。体育舞蹈同其他体育活动一样，对心血管系统、呼吸系统、消化系统、运动系统以及心理健康等方面具有积极的影响，是不可多得的一种体育锻炼方式，深受广大群众的欢迎。

二、生理学功能

体育舞蹈受众广泛，舞种极为丰富，风格也各有不同，可以满足不同年龄、不同个性、不同性别的人的需要。体育舞蹈具体到每个舞种，其运动时间和运动强度均有不同，但是舞者可以根据自己的需要进行自由把握。长期坚持体育舞蹈锻炼可以有效促进心肺功能。

（一）体育舞蹈对人体心肺功能的有利影响

体育舞蹈对人体的心肺功能好处颇多，可有效提高心率。加拿大学者曾经做过这方面的相关研究，第一个实验：他邀请了22名女大学生参与了实验，选择的体育舞蹈是牛仔舞，他要求每名学生在两分钟内连续跳三种基本的牛仔舞，其心率最高可为210次/分，最低可为187次/分。第二个实验：测试对象为参加迪斯科舞会的男女舞者，测试15分钟运动后的吸氧量，结果显示，男性的吸氧量为31.21L/分，女性则为28.1L/分，相当于最大耗氧量的60%~70%。另有学者按照音乐速度对参加体育舞蹈的50名舞者进行了心率测试，测试结果表明他们的运动量属于中上级别，这种级别的运动量对心肺功能有很大的好处。

专门研究人体对运动的反应和适应的学科是运动生理学，这门学科提出了运动负荷的价值理论，并得到了心率与健身效果的相关结论：运动后心率小于110次/分，人体的血液成分、血压、尿蛋白以及心电图等指标无显著变化，其健身效果不明显；运动后心率提高20次/分时，每搏输出量有明显提高，健身效果比较明显；运动后心率再提高20次/分时，每搏输出量有缓慢下降；运动后心率达到160~170次/分时，虽然不会出现特殊不良反应，但健身效果也没有明显提升。

根据这一生理学实验研究结果，我们通常将运动后心率在120~140次/分的数值作为健身效果最佳的参考标准。心率在这一范围内，人体的各个组织和器官都能得到充分的供血，新陈代谢状态最佳。牛仔舞的平均心率是体育舞蹈中最高的，为172.8次/分，其次是恰恰舞，其最高心率145.2次/分，然后是华尔兹142.8次/分，探戈舞则是142.6次/分，这四种体育舞蹈的健身效果比较明显。

（二）体育舞蹈对人体神经系统功能的有利影响

体育舞蹈不仅可以起到锻炼身体的作用，还能让人从中得到美的享受，这正是体育舞蹈独特魅力之所在。体育舞蹈可以作用于人的神经系统，使人的身心都能在优美的旋律中得到缓解和放松。从生理学上来解释，舞蹈这项运动可以通过缓解肌肉、刺激神经的方式使人的身心能够沉静下来，促进大脑能够得到充分的休息。在舞会上，在体育竞技赛场上，在休闲广场上，只要音乐响起，人们便可以携手舞伴翩翩起舞，在优美的旋律中体会节奏变化之美，在优雅曼妙的舞步中体会身体的自由律动，可谓其乐无穷，这种有益身心的体育活动能使神经系统得到充分的刺激和锻炼。

此外，体育舞蹈的舞步不仅是前进，还伴随着后退和旋转等动作。尤其是后退动作，可有效刺激小脑，增强身体的灵活性和协调性，同时还能缓解腰背部疼痛，增强腰椎稳定性，对预防腰部疾病很有好处。

三、心理学功能

体育舞蹈除了对身体有益之外，对人的心理健康也有着积极的影响，同时在长期的体育舞蹈锻炼中，还能提高舞者的行为规范和道德品质。"舞蹈"的本意是指"旋转和跳跃"，舞为旋转，蹈为跳。人类自诞生之日起，就会通过舞蹈形式来进行心理或者身体的表达，或是喜怒哀乐，或是宗教信仰，或者社会法则，等等。体育舞蹈就是通过美的形式来完成美的表现、美的传递以及美的塑造。

体育舞蹈是一项让人心情愉悦的运动项目，长期坚持体育舞蹈锻炼可以改善人的精神面貌和心理状态，可强身健体，亦可修身养性，净化心灵。随着我国经济的发展，人们对精神生活的追求与日俱增，体育舞蹈逐渐成为人们缓解疲劳、自娱自乐的方式，从先前的观赏体育舞蹈到参与到体育舞蹈之中，现代人的心理特点日益凸显。人们的追求不再是单一的锻炼身体，还要同时享受到愉悦、快乐、满足等精神上的满足。对于现代人来说，体育舞蹈发挥的功能是综合性的，既能强身健体、美化形体，也能促进社交、表达情感。

体育舞蹈的心理学价值比较显著。相关学者从心理学角度方面指出，指向性刺激影响着人的注意力。在体育舞蹈中，人们的注意力高度集中于舞曲和舞步的配合之中，这就使得身体的其他部位能够得到充分的休息和调节，这也是体育舞蹈之所以能缓解身体疲劳、有助身心健康的原因之一。除此之外，体育舞蹈的社交功能也能反映在人的心理健康方面，在体育舞蹈活动中与他人建立良好的人际关系，必然有利于人的心理健康，而不良的心理状态也能通过体育舞蹈锻炼得到相应的调整。

四、审美学功能

审美学也就是美学，是一门以研究审美现象和审美规律为主的相对独立的应用人文学科。

（一）我国审美学简介

截止到目前，我国的现代审美学研究已有一个世纪的历史。百年来，我国现代审美学先后经历了两个研究高潮，一是20世纪40年代前后，一是20世纪90年代前后，这两次的研究热潮发生的时代背景明显不同，但其所取得的研究成果均对我国现代审美学的发展做出了不同凡响的贡献。对我国现代审美学的发展历程、研究经验以及研究成果等方面进行系统性、科学性的梳理和归纳,是新时代下推进我国现代审美学发展的必要前提和基础。

从研究内容来看,近百年来我国审美学研究的领域极为宽泛,尤其是审美心理学领域的研究最为突出。从学科建设来看,我国的审美心理学所涉及的问题主要集中在两个方面:一是审美经验特征与心理机制关系问题;二是审美过程的心理活动及其特征和规律等问题。随着学术研究的进步,这两大问题的研究深度和广度也在不断延伸,一些创新性的理论和学说也在不断产生。例如改革开放以后,学术界针对审美心理结构进行了深入的研究,并对审美形成的中介因素提出了更多的问题。随着研究的深入、新问题的不断产生,新的理论学说就会随之诞生,这一时期学者们提出了诸如"审美表象"说、"自觉的表象运动"说、"形象观念"说以及"情感逻辑"等新学说,在一定程度上加深了人们对审美心理机制形成的认识。

除了审美心理学的发展,其他问题的研究也同样得到了拓宽,如艺术创造中的意识流问题,包括非自觉性、直觉性、灵感等无意识活动问题;审美情感与艺术表达的关系问题;审美情感的作用和艺术情感的特点问题;审美思维和艺术思维的问题;艺术家自身的心理问题与创造力的关系等问题,其中,对"文艺的审美意识形态"这一问题的讨论和研究,是审美学和艺术理论研究相结合的重大成果。

虽然研究领域有所拓宽,也取得了一定的成就,但整体而言,我国现代审美学的学术创新能力相比西方先进水平,还有一定的距离。尤其是在重要问题的研究上,我国的学术水平发展明显滞后,研究成果的影响因子相对发达国家也比较低。比如在运用社会历史学研究审美经验这个问题上,我国还未能产生具有国际影响力的研究成果。因此我国现代审美学的研究,要围绕以上提出的两个主要问题进行研究创新,同时也要对艺术研究和审美理论研究进行有力、深入的探索。

从研究途径和方法来看,我国审美学近百年的发展是基于西方美学和中国传统美学基础上向前推进的。虽然中西美学在意识形态、理论范畴、艺术观念和语言等方面有着极大的差异,但是西方美学较之中国美学,更具系统性和科学性,中国美学要想获得长足的发展就必须学习西方美学先进的研究途径和方法。所以,如何从西方美学中汲取营养,并使之与中国传统美学良好地契合,是我国现代美学面临的主要问题之一。如何在中西美学结合研究中求同存异,也是我国现代美学研究实践中不可回避的一个难题。

关于这个难题,我国早期的学者王国维、朱光潜和宗白华都对其进行过较为深入的探索和研究并有了不错的成绩。他们从中西美学的共性和异性出发探寻研究传统中式美学的思路,在不断的比较融合中求同存异,互通有无,优势互补,进而提出新的观点和理论,这些大胆的探索和尝试为后世中西美学的研究提供了基础。

这三位前辈的研究对象和目的是一致的，但是研究途径和方法却各有不同，他们都运用了自己特有的研究方式进行中西美学问题的探索，可谓殊途同归。例如，宗白华先生基于中国传统艺术的审美经验及美学思想，展开对中西美学艺术和美学思想的对比研究。王国维先生则是运用西方美学最先进的理论和方法，对中国古典艺术及其审美经验进行研究，从而以新的角度阐释中国传统美学思想，王国维先生的美学思想可谓是使用西方美学研究中国传统美学的典范。朱光潜先生则潜心于运用西方心理学美学理论来分析我国传统美学的概念和思想，旨在构建一个中西美学融合的心理美学体系，他所著的《文艺心理学》一书，其框架以西方审美学理论为主，内容上却贯穿中国传统艺术的创作经验和中国传统美学观念，真正做到了西方美学理论与中国传统美学的相互论证。三位学者都从各自的角度阐释了西方美学与中国传统美学的指导意义，尤其是宗白华先生史无前例地构建了中国传统艺术的"意境美"思想体系和深层次的文化思想构成，他在中西美学的审美思想和审美特点的比较研究中，探索中国传统艺术的创造规律和审美心理特点，并于细微之处发现了中国传统艺术美学思想与西方美学的不同之处。虽然三位学者的研究角度和方式均有不同，但其研究方向却是一致的。他们都希望通过学习借鉴西方美学的精髓来研究、继承和创新中国传统美学，并最终形成自己的见解和理论。可以说，这三位优秀的学者为推进我国现代美学的进一步建设提供了重要的经验和理论基础。

西方美学的诞生要比中国早很多年。中华上下五千年来，在厚重的人文底蕴之下，我们也有着丰富的艺术形式和艺术创作经验，但是中国美学理论的发展却远远晚于西方国家，这种发展上的滞后，导致我们很多学者开始盲目崇拜西方美学的模式，以西方美学的标准来研究中国传统美学，或者说中国美学的诞生是完全基于西方美学的理论体系和概念范畴的，结果就导致了中国美学的不中不洋、不伦不类。这一问题致使中国现代审美学的研究出现了严重的片面化，缺失了民族化和本土化文化的支持，严重制约着中国特色现代审美学的发展和进步。要想突破这一发展瓶颈，我们就要积极调整中国特色现代审美学的研究思路和方式，逐渐摒弃以西方美学为基础的研究模式，建立民族化的、本土化的独立研究模式，要用中国传统艺术思维和方式去建设中国特色现代审美学。西方美学作为外来思想，我们可以从中吸收先进的思想服务于我们自己的现代审美学研究，而不是一味地套用。真正的中西结合是在保留自己文化本质的基础上，学习和借鉴西方美学文化中的思想精髓，以更好地促进本土审美学的发展。

（二）体育舞蹈的审美学功能

1. 身体健与美——外在竞技之美

身体的健与美也就是形体美，是体育舞蹈首先呈现的外在美。舞蹈是人的肢体艺术，从头到脚，从躯干到四肢，身体的每一个动作都在展现着人的形体之美，形体美所表达的是人体的活力与健康。而艺术的表现、情感的表达和气质的展现同样也要通过形体之美去完成。比如探戈舞，该舞种的风格豪放洒脱，这种风格的表达始终贯穿在舞者豪迈不羁的肢体动作之中；再比如伦巴舞，其舞蹈的激情与浪漫也全然是通过舞者婀娜多姿的形体语言来表达的。除了形体美，造型美和韵律美也是体育舞蹈外在美的表现形式。体育舞蹈的节奏鲜明，动作与节拍互相呼应，极富有韵律之美，这是由体育舞蹈的音乐特点等决定的。体育舞蹈的音乐风格极具特色，刚与柔、快与慢、急与缓的节奏特点使音乐富有鲜明的韵律之美和感染力。舞者在音乐的配合下表现出的各种动作造型美，令人赏心悦目，极具观赏价值。

从艺术哲学意义来看，身体是艺术经验和艺术创作的第一"自然"，是连接物与我的自然媒介，更是人类灵魂的归宿。身体所表现的是从心理诉求到物理事件的反应过程，是开放性的主体，而不是灵魂对立或者融合的封闭性自然体。身体既是艺术的原形也是艺术的根源所在，精神因素渗透其中，引导着身体去改变或者适应环境。

近代以来，随着神经科学和人体医学的发展，众多学者开始从医学角度、生物学角度以及哲学角度赋予身体更多的意义。人们越来越重视身体的自然"感受"和"需求"，毕竟人类的一切感受、情绪、思想、观察、想象、信仰等因素都要通过身体而发挥作用。身体的活动是取得经验的过程，身体的状态也决定和反映着经验，反之，经验的过程和能力也是身体生命力的体现。如今，随着人类身体和人性的解放，当初那些被认为不值一提的文体娱乐形式开始逐渐被关注，这类活动作用于人的身体，可有效促进身体的发展。

作为一项综合性体育运动，体育舞蹈有着严格的技术要求。现代国际标准摩登舞要求舞者的身体形态始终处于最佳状态，男士要有绅士风度，女士要优雅大方；拉丁舞对男女舞者的身材要求也比较苛刻，但相比摩登舞的风格，其对舞者的要求则更倾向于舞姿要洒脱自如，能充分表现激情与活力。所以，要想充分展现体育舞蹈之美，舞者必须有良好的身体形态、音乐感悟力和健康的心理条件。体育舞蹈与舞者之间是相互成就的关系，通过体育舞蹈的锻炼，可以帮助舞者保持良好的形态美，而完美的身体形态则更能充分表现体育舞蹈的艺术美。

舞蹈本身就是身体的一种活动，体育舞蹈更是如此，对于那些想通过锻炼达到减肥瘦身目的的人，体育舞蹈无疑是最好的选择。有数据表明，长期坚持体育舞蹈锻炼，可有效减少人体皮下脂肪的含量，还可以使肌肉紧致而富有弹性，从而达到瘦身效果。从艺术角度看，体育舞蹈所具有的艺术感染力和观赏性可以起到愉悦身心的作用；从体育运动角度看，因其具有鲜明的竞技性而区别与传统的舞蹈艺术。体育舞蹈作为一种有氧运动，其运动强度适中，经常锻炼可以有效强化心肌功能，增强人体的抵抗力，同时还可以有效缓解身体疲劳，释放精神压力等。

心率是衡量"有氧运动"的标准。根据相关研究表明：有氧运动的运动时间一般在半小时以上，最大心率值为 60%～80%。有氧运动可以使氧气更快地到达身体的各个组织和器官，在氧气充分的条件下，体内的糖分和脂肪就能得到一定的消耗，从而达到减肥瘦身的目的。体育舞蹈的能量代谢率与羽毛球接近，属于能量代谢率比较高的一种运动，坚持锻炼对人体的塑形、人格的塑造、体能的提高等方面都有积极的作用和效果。

追求美，是人类的天性，从体育锻炼的作用及意义上来讲，体育舞蹈可以满足人类对美的追求，与此同时，因为美的需求而产生了一系列反向发展问题，最为普遍是对身体审美的过度关注而引发的健康问题。体育舞蹈、健美操、体操以及花样滑冰等竞技项目，对人体形态的要求普遍较高，人们在欣赏表演的同时也在格外关注着选手的形体美，舞者基于自己的形体之美诠释舞蹈之美，这一点是不容否认的。很多选手为了保持完美的外在形象，不惜以牺牲健康为代价，常常无原则地增加运动、控制饮食，有些女性运动员甚至患有饮食失调症，这一症状在女性运动员中颇为常见，已成为威胁女性运动员健康的第一杀手。另外值得注意的是，虽然体育舞蹈益处多多，但需要进行合理的训练，否则也会起到反作用，从而影响身体健康。

不论是体育锻炼，还是身体审美，都应以健康为基本原则，任何过量、过度的训练和审美要求，不仅达不到健美的目的，还会影响身心健康。竞技体育的审美一定是建立在健康人体基础之上的，"健美"所要展现的就是身体健康之美和生命运动之美，健康是身体从里到外迸发出的生命之美，而不单单是外在的形体之美。体育舞蹈本身就具有健美塑形的功能，追求形式与内容的高度统一，既有内在的健康美，又有外在的形式美，而这也正是体育舞蹈审美属性的真实体现。所以，任何一个运动员只要能坚持有规律的体育舞蹈训练，同时注意合理饮食和情绪稳定，优美形体的保持便不是问题。体育舞蹈作为一项竞技体育的本质就是要展现纯粹、健康的人体之美。体育舞蹈评审在进行现场评判时，舞者的外在动作与内在情感的抒发是否和谐统一，也是评判的标准之一，而外在的形体仅仅作为舞蹈内涵的载体解读着舞蹈之美。体育舞蹈审美诉求的完成需要舞技、舞感、舞姿、形体、情绪等多方面的共同作用。

2. 舞者心与音——内在之美

体育舞蹈的内在美主要表现在文化和音乐风格两个方面。体育舞蹈最初形成于欧洲，后来随着国际文化交流的不断深入，体育舞蹈综合了拉丁美洲、非洲等地区的舞蹈风格，形成了文化上的多样化发展。不同地域的体育舞蹈同时也有着不同风格的音乐形式，这就造就了体育舞蹈在音乐风格上的多样性。体育舞蹈具有文化多样性特征。比如英国的黑池舞蹈文化就是从最初的普通劳动人民的娱乐、游戏文化而逐渐发展为以竞技为主要特征的体育舞蹈文化。今天的黑池舞蹈文化节，不仅包含体育舞蹈的世界性比赛活动，同时还包括有关体育舞蹈文化的其他活动内容。体育舞蹈具有文化综合性特征，综合性体现在体育舞蹈文化对其他地域舞蹈文化的借鉴、学习和融合。

体育舞蹈在不同的历史时期汇集不同民族的舞蹈元素，体育舞蹈的文化内涵随着时代的发展而不断被赋予新的血液，并在不同的历史时期呈现出与众不同的内在美。同时，随着人们审美需要的提高，体育舞蹈的舞蹈技术和内涵也在不断进行创新，这种创新融合了时代特征、民族特征以及文化特征，体育舞蹈的内在美也越来越突出。

体育舞蹈离不开音乐，正如鱼儿离不开水一样。体育舞蹈所展现的音乐与舞蹈之美，体现在舞者舞动的每一个节拍之中，不同的舞群，有着不同的音乐色彩。华尔兹舞曲的舒缓流畅、伦巴舞曲的柔情蜜意、探戈舞曲的华丽高亢、恰恰舞曲的欢快明朗等。音乐是人类最早的审美活动，最早出现于宗教仪式之中。

音乐与舞蹈的结合，在中西方历史上都能找到相关的追溯，而在我国的流传历史相对更加悠久，这一点从现存的成语典故中就能窥见一二：如笙歌曼舞、歌舞升平、载歌载舞、鸾歌凤舞等成语生动展现了我国古代舞蹈与音乐的繁华场景。现代意义上的集音乐、舞蹈和体育三者一体的身体运动艺术形式，最早能追溯到近代，这也是人类历史发展的必然产物，不以人的意志为转移。音乐对人体的影响表现在生理和心理两个层面，生理层面，音乐可以刺激人的神经系统，进而调节人体各方面的机能；心理层面，音乐可以刺激人的大脑和情绪，进而调节人的心理活动。

音乐在体育舞蹈中的运用，使体育舞蹈本身多了一份艺术性，身体的舞动要按照音乐旋律进行的节奏而施展，这就要求运动员的乐感极好，并能正确理解音乐，这也是体育舞蹈竞技中裁判评定优秀运动员的标准之一。因此，体育舞蹈对运动员的音乐素养要求比较高，要求能做到"音心相映，身心合一"。

体育舞蹈是音乐艺术表现为"音心相映"的系统过程。不论是华尔兹舞曲的优雅舒缓，还是恰恰舞曲的欢快活泼，都是身体运动艺术在音乐艺术的作用下"音心相映"的结合与表达。节奏的缓急快慢、音调的高低强弱等元素共同构成了旋律的特点，并外在表现为运动方式的舒缓快慢，传递出音乐的特点，同时这是舞者是否真正理解音乐语言的外在直观显现。理解音乐语言，并转化为自己的内部感受，然后再通过身体的舞蹈，将自己的内在感受和音乐的灵魂表现出来,体育舞蹈参与了舞者的身体意识的培养,这是其他运动难以企及的。

闻歌起舞是最能表达音乐与舞蹈关系的词语。有韵律的节奏、优美的旋律总能让人忍不住要"随声附和",或是翩翩起舞,或是踏踏脚,或是手打拍子,或是随音哼唱,这是音乐赋予人类的天赋。体育舞蹈中的音乐,一来可以引导激发人们运动,二来也可以使人们在跳舞的过程中通过对音乐的感知,在一定程度上提升身体审美意识。拉丁舞曲响起,热情而欢快,现场气氛活跃,五颜六色的灯光闪烁着,盛装打扮的舞者闪亮登场,男士身穿身紧袖宽的上衣,收臀式的灯笼裤,整体装扮表现为"上紧下松",这种装扮可以凸显男性的肌肉线条以表现男性的阳刚之美;女士的裙装则更加热情性感,侧露臂腿的裙装常常是不对称剪裁,以凸显女性的线条之美,在欢快的舞蹈中尽情展现着自己的魅力。

体育舞蹈是"以美为美"的最高艺术体现。音乐作为体育舞蹈动作的"发动机",是灵魂性的存在,塑造着整个体育舞蹈表演的艺术表现力。在风格不同的音乐中,男女舞者之间在音乐的"沟通"下,通过肢体动作这一"形"去表现和传达"神",在形神兼备的表演中传情达意,高级的舞者会把自己对音乐的全部理解灌输到舞蹈之中,呈现出精彩绝伦、动人心魄的表演。无声语言(身体运动)和有声语言(音乐)的完美契合,可以促使审美主体和客体之间产生强烈的共鸣,从而获得美的体验。

综上分析,体育舞蹈有着丰富的美学内容,其艺术性、综合性和表演性极强,是一种相对高雅的体育运动形式。在不同风格的音乐伴奏下,在舞者优美的舞姿中,在与观众的审美互动中,体育舞蹈的魅力得以淋漓尽致地展现,可使人身心愉悦,心情舒畅。进行体育舞蹈训练时,练习者可以在热情洋溢的舞蹈中,体现自信与快乐,最终获得自我价值认同等良好的心理情绪体验以及审美感受。

体育舞蹈中的团体舞呈现出了与众不同的艺术形式美,是体育舞蹈创造的审美客体中最富有艺术表现力的一种。在音乐的伴奏和协调下,通过舞者的位置移动变换不同的队形,有几何队形、线条队形以及两者的混合队形等,舞者通过舞蹈的形式变换位置和队形,在视觉上形成了多姿多彩、美轮美奂的动态画面,令观者眼前一亮。同时在团体舞的表演中,每个舞者都能通过各自的艺术感悟能力将自己的形体美、舞姿美、服饰美和气质美和音乐完美结合起来,完成了情感上的表达,实现了美的创造和享受。

五、医学功能

无论何种形式、何种风格的舞蹈一般都有自己的相对固定的规则和形态,所以无论是哪种舞蹈者都必须先掌握该舞蹈的基本技巧，只有精通所学舞蹈的技巧才能通过舞姿的展现去表现内心的思想情感或者仅仅是展现舞蹈的技艺，这一点是舞蹈的表演属性所决定的。但是舞蹈在医学方面的意义则不注重舞蹈技巧的表现或者是情感的表达，而是让患者通过舞蹈的形式回归身体本身，注重身体的感受和意识，从而达到治疗的目的。美国有专门的舞蹈治疗协会，成立于1966年，该协会定义了舞蹈治疗的概念：所谓的舞蹈治疗是指利用身体的有韵律的运动去调整一个人的心理和生理健康、情绪状态以及思考模式。

（一）身体——心理的交互影响

对于任何一个健康的个体而言，身体与心理都是不可分割的存在，身体与心理的高度和谐统一是衡量一个人内在与外在是否都健康的标准，这一标准也是舞蹈治疗的方向。一旦身体与心理出现不平衡的状态，那么不健康的状态将同时反映在一个人的生理和心理两方面，这两者是相互影响的。如果一个人长期缺乏体育锻炼，身体机能差就会导致情绪消极低落，进而影响心理健康，同时，心理的不健康也会影响身体的内分泌，而内分泌紊乱会导致身体各个机能的下降，进而影响身体健康。

舞蹈治疗师在临床经验中多有发现这样的实证，舞蹈动作或者相关运动会影响人体的整个状态，参与治疗的患者在持续的运动过程中产生了肢体或者形体上的变化，这种变化会直接影响到这个人的心理状态，反映到哲学意义，就是内在与外在的相对统一。外在的行为反应同时也是内在的显露，人的情绪、思想、情感等一切内在隐形的东西均会受到外在行为的影响，当人体的模式发生变化时，机体内部就会产生相应的应激变化，久而久之，个体就会重新认识自己或者是找到自己，舞蹈治疗的积极意义便得以体现。

（二）身体——动作反映人格

舞蹈治疗观念认为人的身体是有记忆的，这种记忆反应在身体的动作方式之上。身体动作记忆一旦形成，就会积累个体自身的生命经验，久之，身体在生理和心理方面就会发生相应的转变。从这个意义来说，个体的身体动作不仅是内在人格的体现，甚至还可以说它就是人格的一部分，只是作为外在体现而存在。当个体的身体状态改变时，人的内在与外在必然是统一的。有不少研究发现证明：一个人的身体经验可以反映出他的心理发展过程，一个人的身体表现同时也是一个人潜意识的表现。个体信息的表达和传播需要通过身体这一媒介，我们可以通过个体的身体动作了解个体，也可以通过发展身体动作来成就个体的内在成长和人格养成。

(三)创造性艺术的治疗性

舞蹈治疗的可行性基于舞蹈自身的艺术特质和运动特质,舞蹈是表达思想情感的一种创造性艺术。有不少国外的相关学者均认同舞蹈治疗在个体生理和心理上的价值和意义。Arnhem认为艺术的表达是由内到外的,所谓的"内"就是指个体心理上较为隐性的内容,所谓的"外"是指反应为身体外在行为的内容;Kuble则认为从心理学角度建立的治疗方式是所有艺术治疗的根本。不同的个体有不同的生活经验和不同的表达方式,但这并不影响他们会表现相同的情绪和感情。艺术活动的基础是个体身体的动作,人体的内心状态通过外在的身体行为而得以展现,有时象征,有时直接,但都是对个体认知的表达。

单一的心理分析并不能囊括人类复杂的思想情感,而富有创造性的艺术活动则能让复杂多变、矛盾的情绪同时并存而互不冲突。尤其是身体的肢体动作在一定程度上突破了个体情感的限制点,超越了自身的情绪表达。每个人都能从身体的运动中感受到生命的存在和力量,在艺术活动的创作过程中,个体的身心以及情感得以充分地表达和展现。

(四)动作关系的建立

舞蹈治疗过程中最特殊的部分当属舞蹈治疗师通过与被治疗者之间建立的肢体互动而建立的人际关系,同时也是舞蹈治疗最为吸引人之处。这种积极的肢体互动过程对治疗师的要求非常高,在治疗的过程中,舞蹈治疗师要时刻注意被治疗者的动作反应并做出积极的回应,通过同理心、动作支持以及自我感受等与被治疗者之间建立起相应的默契,从而在潜移默化中影响或者改变被治疗者的心理状态。这种治疗方式对那些难以接近或者使用语言难以治疗的个体常常具有很好的治疗效果。这种通过肢体互动建立起特别的沟通方式,能打消被治疗者对舞蹈治疗师的戒备之心,从而建立起相对轻松的沟通环境和互动关系,有利于提升治疗效果。

综上,体育舞蹈的魅力显而易见。随着我国国力的日益强盛,人们对精神生活和文娱生活的需求越来越旺盛,体育舞蹈在增强国人体质方面开始表现出不可小觑的作用。中国是世界人口大国,体育无国界,体育舞蹈在中国的广泛传播,对体育舞蹈在世界舞台的广泛传播具有重要的意义。对于我国而言,加大体育舞蹈的推广力度,对于我国的精神文明建设、提高人口身体素质、提升人民生活水平、维护社会稳定和谐发展等方面均具有重要意义。

第三节 体育舞蹈的价值

自改革开放以来,体育舞蹈在我国体育领域取得了长足的发展,这离不开体育舞蹈自身的魅力吸引。体育舞蹈以其多元化的艺术表现力以及极高的强身健体作用受到了我国人民的喜爱和追捧,我国的体育舞蹈事业在国际化的舞台上也得以精彩展现。一个国家的崛起必将伴随着体育事业的崛起,同时,体育事业的崛起不仅带给了国人强健的体魄、优秀的意志品格和不断拼搏进取的精神,也促进了国家在经济、文化、社会、政治等方面的全面发展,对建设中国特色的社会主义国家有着重要意义。

一、体育舞蹈的教育价值

根据《教育百科辞典》对"教育"的阐释,教育是指通过教学等行为把受教育者培养成对社会有用的人的过程,包括"教"与"育"两部分内容。这里特指的学校教育是"狭义"的教育。我们要阐述的体育舞蹈的教育价值,还包含除学校教育以外的大范畴上的社会教育。教育价值的体现取决于教育主体对教育对象实施教育想要达到的目的,按照教育的主体形式分为个体与社会两种形式。对于体育舞蹈而言,其教育价值的体现主要包括个体素质的完善和社会和谐的促进。

(一)体育舞蹈的个体素质完善价值

体育舞蹈在个体素质完善方面的教育价值体现在作为个体的"人"的教育。教育的对象是"人",教育的目的是使"人"更加完善,教育的效果也是通过"人"这一个体而得以呈现。体育舞蹈的教育目的是使人这一个体各方面的素质都能趋于完善,健康的体魄、优美的形体、坚韧的性格、出色的社交能力、稳定的情绪、健康的心理状态等这些都可以通过体育舞蹈实现,可以说体育舞蹈自身优势的体现,正是其教育价值的体现。

首先,体育舞蹈具有审美功能,所以它也具有美育作用。人们学习体育舞蹈并不全是为了成为体育舞蹈家,相当一部分人仅仅是为了提升自己的审美水平,丰富自己的业余生活,同时还能锻炼身体,修身养性。

1. 丰富生活

艺术随着人类的诞生而产生,来源于生活,又随着社会的进步和生产方式的改变而不断发展变化着。体育舞蹈作为艺术形式的一种,也和社会的发展密切相关。在潜移默化中,体育舞蹈悄悄改变着人类的生活方式，以自身独特的艺术魅力促进着人类的发展和社会的进步。

体育舞蹈作为舞蹈形式的一种特别存在，既能自娱亦能娱人。在优美的旋律下，舞者通过身体的移动和舞步的变换完成自娱的过程，而舞者在表演体育舞蹈时所呈现出的视觉美又能使观众从中获得美的享受。因此，从审美意义来讲，体育舞蹈遵循着传统舞蹈艺术的基本审美规律，这种基本规律主要体现在审美性能和审美方式两方面。舞蹈艺术的本质特征就是"美"，马克思主义美学认为美的产生以及美感的获得，都依附于客观现实，而美与美感的产生与发展同样也离不开人这一主体的作用，只有客体与主体相统一的时候，艺术形式产生的美及美感才能符合美的基本规律，而体育舞蹈的美以及美感相对更加直接深刻。

体育舞蹈是舶来品，随着在我国多年的发展及与东方文化的不断交融，我国的体育舞蹈开始呈现出东方审美的特征，我国体育舞蹈追求人与舞的"合一"，强调技艺性和舞者精神面貌的展示，追求精神上的高远。随着社会的日益发展，文娱产业的日益发达以及人民文化素质和审美情趣的提高，体育舞蹈开始走创新之路，注重音乐、舞蹈表演形式、灯光等舞美效果，以满足大众日益增长的审美需要，体育舞蹈的不断完善和创新，丰富了体育舞蹈的内容和形式，使其艺术表现力更加突出，丰富、美化了人们的日常生活。

体育舞蹈的观赏价值很高。无论是哪一个舞群都具有极高的观赏性，尤其是团体舞的视觉冲击力更能给观赏者带来视觉上的震撼和享受。同时，随着体育舞蹈这一高雅的表演形式在民间生活的逐步普及，参与者人群的层次、区域、文化水平、审美需要等方面均有不同，导致体育舞蹈更加包容，更具民间色彩和生活气息，带有浓郁的趣味性和娱乐性，形成了一种可以雅俗共赏的审美效应，普遍反映着大众的审美文化心理。

我国的舞蹈文化由来已久，自始至终一直存在于人们生产和生活的各个方面，各个地方都有自己的特色舞蹈形式。北方的大秧歌舞，南方的狮子舞，西北地区的蒙古舞，陕北地区的腰鼓舞，西南地区的傣族舞以及其他少数民族舞蹈等舞蹈形式可谓数不胜数。这些民间传统舞蹈形式反映着人们的生活劳作内容，多见于民俗活动、宗教仪式、节日庆典等活动中，表达着人们对生活的热爱和美好生活的向往。随着时代的不断发展，这些传统的民间舞蹈逐渐退出历史舞台，其生存空间日渐狭小，渐渐被新兴的文娱活动所取代。健身舞、广场舞、体育舞蹈等流行性舞蹈开始登上历史舞台。

2. 调节身心

体育舞蹈具有调节身心的功能。体育舞蹈首先是身体的运动，在音乐的律动中，身体进行有节奏、有规律的运动，这种形式的运动可以锻炼肌体的肌肉组织，活跃肌体的各个组织和器官，刺激神经细胞和大脑皮层，能使肌体得到充分的锻炼和休息，好的身体状态必然会促进心理状态的平衡性发展，从而起到调节身心的作用。体育舞蹈兼有舞蹈美、音乐美和运动美，能使人在潜移默化中受到美的熏陶，同时也能获得运动的快感。

（二）体育舞蹈的和谐社会价值

体育舞蹈的社会价值主要体现在维护社会和谐、稳定社会发展这一层面，这主要取决于体育舞蹈本身所特有的社交功能属性，体育舞蹈从诞生之初便具有社交性。和谐社会的构成离不开个体健康的人际交往和社会关系，体育舞蹈在社交活动往往扮演着重要角色，人们在舞步的"迎来送往"中建立起了情感沟通，甚至有些还是语言沟通做不到的。另外在外交层面，体育舞蹈作为国际赛事之一，也是与国际沟通的有效方式。

1. 促进人与人之间的和谐共处

首先，体育舞蹈在情感的表达方面具有得天独厚的优势，有些无法用语言表达的情感在相互配合的舞步移动中却能够得到有效的沟通和理解。现代人普遍缺少人与人之间的理解和沟通，而理解和沟通的缺乏却正是信任危机的产生之源。在互联网时代和手机文化的日益昌盛下，人与人之间的沟通与表达多依赖于互联网，而不是面对面。人们通过一部手机就可以找到任何人，说任何事儿，但是人们之间的沟通和表达却越来越少，这种缺乏"温度"的社交越来越普遍。人生来就具有社会性，面对面的表达和沟通是最基本的社交方式，而手机沟通，看似便捷，实则乏味，我们看不到对方的表情，不能正确理解对方的表达，常常表达不到位甚至有误会的产生，久而久之产生的社交危机直接影响我们的身心健康。另外，不是所有的情感表达都能通过语言实现，有时候越是强烈的情感，语言就越是显得苍白无力。语言文字是人类传达信息的基本方式，但人是高级动物，有着复杂的内心活动，往往那些难以用语言表达的内心深处最细腻的情感，却可以通过肢体动作轻而易举地传达出来，这就是体育舞蹈所具有的表达优势，它是最形象、最直接、最具体也是最为本能的一种表达方式。

其次，体育舞蹈有助于形成健康和谐的人际关系。体育舞蹈可以是双人活动，也可以是以双人为基础的多人集体活动。不管是双人还是集体，在进行体育舞蹈训练时，他们所处的是同一种艺术情境，分享着相同的艺术体验，在情感或者思想上能获得共鸣，在这种和谐的群体氛围中，能通过情感和心灵上的双向沟通，加深彼此的了解和信任，有助于产生艺术化的人际关系，促进人与人的关系向健康和谐的方向发展。

2. 促进国际的理解与交流

艺术无国界，从外交意义来讲，任何一种艺术形式都具有增进国际沟通和文化交流的重要意义，艺术的多样性发展为国际沟通、合作以及和平等提供了可能。

以拉丁舞为例，体育舞蹈中拉丁舞很受国人喜爱，一是因为这种舞蹈对于国人来说极为新鲜；二是因为拉丁舞的审美特征符合中国人的审美习惯。拉丁舞的舞步飘逸潇洒，动作如行云流水一般自然流畅，一气呵成，深得国人的喜爱。拉丁舞在全球的传播和流行速度几乎是最快的，世界各地的人们在见到热情四溢、激情澎湃、风格粗犷的拉丁舞时，无不为之吸引。拉丁舞者脸上洋溢的自信与热情，舞姿的欢快与豪放，都具有极强的感染力，任何不了解拉丁舞的人都会对这样的舞蹈感兴趣，这就为拉丁文化的传播提供了一个契机。拉丁舞的风格就是拉丁人个性和性格的镜子，他们热情豪放、真诚善良、不拘小节，具有这种性格特质的人往往更容易交往，由人及舞，很多人就会不自觉地加入拉丁舞中，学习、体验拉丁舞的魅力，这就为拉丁舞的传播提供了人际基础。由舞及人，因为舞蹈，来自世界不同文化圈中的人们消除了隔阂，淡化了种族差异，促进了国际文化交流的平等与和谐。

综上，我们可以看出体育舞蹈在个体素质完善和社会和谐等方面所产生的积极影响，其教育意义和价值不可小觑。那么如何正确、合理地利用体育舞蹈的教育功用，使其在个人和社会层面实现该有的教育价值是值得我们探究和解决的问题。确定途径和方法是解决问题的关键。体育舞蹈教育价值的实现必然要通过体育舞蹈活动的实施，而体育舞蹈活动的开展，反映的不仅是体育舞蹈外在的锻炼价值，更是其内在精神意义的显现。体育舞蹈之所以能被社会认可、理解和接受，是它内在的文化意义和文化价值使然。

二、体育舞蹈的文化价值

体育舞蹈无论是作为一种锻炼身体、修身养性的运动形式，还是作为一种情感交流的媒介，它都是一种由社会大众创造并广泛参与其中的文化现象。不论是来自社会的哪个阶层，不分男女老幼，均可以在体育舞蹈活动中找到自己的一方天地，他们的生命力在这里尽情展现，淋漓尽致地表达着自己对生命和生活的热爱。

体育舞蹈以人体的肢体动作为物质材料基础，直观、自然地表达着人与社会、人与自然、人与自我、人与人之间的关系，从而使参与者能在其中获得美的享受与信息。文化是人类在从事生产和生活劳动中产生的，反映着社会生产关系，体育舞蹈作为一种文化形式，也必然反映和体现着意识形态领域中的社会生产关系。广大社会成员既是文化的创造者也是接受者，同理，他们在体育舞蹈活动中，既是体育舞蹈文化的创造者也是接受者，对体育舞蹈文化的传承具有重要意义。

文化与教育的关系密不可分，从某种意义上说，教育的过程就是文化的传承过程。文化传承价值也是衡量教育价值的标准之一。首先体育舞蹈是人类社会发展和时代变革的产物，与生俱来就具有自己的文化属性，它的产生基于当时的社会生产方式和社会生产关系的需要，是精神文明的产物。精神文明建设是当今时代的发展核心，在这样的时代背景下，体育舞蹈的文化价值备受重视。体育舞蹈作为一种集文化性、审美性和精神性于一体的文化实践活动，在人类的发展进程中不断影响着人们的传统观念、精神品质、身心状态和审美观念等方面，反映着特定时代和社会的文化意识内涵，是人类智慧和文明的结晶。从内容方面看，体育舞蹈的文化价值所反映的不仅是舞蹈本身的艺术魅力，也包括它所承载的人文底蕴和历史文化。

（一）对传统文化的继承和发展

舞蹈伴随着人类的产生而产生，在人类几千年的文明变迁中，多姿多彩的舞蹈形式从来都是劳动人民生活和生产中不可或缺的艺术形式。不同地域、不同民族、不同时代的舞蹈绘就了一幅巨大的历史艺术杰作。时代的变迁、历史的兴衰、民俗风土、宗教信仰等内容都包括在其中，可谓包罗万象。随着一代又一代人的不断传承，民族舞蹈所承载的民族文化和民族情感也随之生生不息。人类早期就学会了通过歌舞这种寓教于乐的形式教育子孙后代，维系和传承着民族固有的传统文化和民族情感。我国地大物博，几千年来都是以农耕业作为主要的社会生产方式，社会关系则是以血缘宗法制度为主，我国的传统文化就是基于此而不断繁衍生息、薪火相传。我国的舞蹈文化特征主要体现在以下两个方面。

一是围绕农业生产活动而产生的舞蹈活动，主要表现在民俗节庆、宗教祭祀、丰收活动中，是我国早期先民从事生产和生活劳动的文化产物。自古以来我国就是农业大国，农耕畜牧业是我国人民最为传统的社会生产方式。在早期社会中，原始的生产方式，形成了我国民族特有的人文观，进而形成了独特的民族舞蹈形式。从本质上而言，艺术本身即是历史的反映，是具有真实性的。在历史发展进程中，艺术相比于其他表达方式更容易扎根于文化发展之中，而且艺术家作为艺术主体往往拥有更加强烈的表达欲望，这为艺术更广泛地进入文化发展进程中提供了基础。

舞蹈作为人类历史最为悠久的三大艺术形式之一，自古以来就担负着人们对美好生活的向往和追求。不论是远古时期的图腾舞蹈，还是用于祭祀活动的祭祀舞蹈，抑或是用于节庆活动的民俗舞蹈等，都是人们用来表达理想、愿望和精神追求的艺术形式。尤其是在语言文字落后的古代，舞蹈作为肢体语言几乎承载了早期人类所有的情感表达。至今的舞蹈文化依然寄托着人们美好的愿望，人们载歌载舞，淋漓尽致地表达着民族情感、民族精神、道德规范和观念意识等内容。

所以，简单地说，舞蹈就是一种语言，用于表达情感、思想、精神和意念等内容，是人类的思想情感与信仰高度统一的表现。对于一个国家或者民族来说，就是其民族精神和民族文化的集中体现。比如我国传统民族舞蹈中常见到的"龙""孔雀""狮子""海东青""老虎"等原始民族图腾，就是在舞蹈发展过程中的产物并得以代代流传。从汉族的"龙舞"、傣族的"孔雀舞"等传统民族舞蹈中，我们不仅能得到美的享受，还能从中获得相关的历史知识，感受到原始先民的精神面貌和生活追求，通过传统舞蹈的形式再现，我们似乎穿越到了过去，领略了先人的风采和精神，完成了一次古今对话。

二是舞蹈作为早期统治阶级的工具规范着人的行为礼仪和道德规范，这种性质的舞蹈具有一定的教化功能，服务于统治阶级。图腾仪式是舞蹈活动的主要场所，同时也是礼仪活动的主要形式，宗法礼仪制度形成并完善于西周时期，后经过思想家孔子以及董仲舒的进一步完善和演绎形成了中国古代第一套较为完整的礼仪规制。这一套礼仪规制有着明确的价值取向、道德规范和教化目标，并通过乐舞的形式进行传播和表达，以实行对人的教化，从本质上建立人的信仰取向，以"齐家、治国、平天下"为标准，为统治阶级培养合乎礼仪规范的人才。从功用和价值上来说，礼仪舞蹈不属于体育舞蹈的范畴，但是礼仪舞蹈中的一些元素和体育舞蹈是相通的，在后来的发展中，礼仪舞蹈中的部分元素逐渐演化为体育舞蹈的一部分，同时，体育舞蹈中的一些元素也经常被礼仪舞蹈使用。

不管是人类早期的原始图腾舞蹈或是礼仪舞蹈，还是当今的现代舞蹈或体育舞蹈都是对特定时代和社会的反映与展示。社会和艺术的发展相生相伴，艺术反映着社会，社会也从一开始便有了艺术发展的痕迹。早期人类的农耕狩猎活动反映的是原始社会刀耕火种的社会生产方式，封建时期的民间传统舞蹈反映的则是统治阶级的意志。周朝时代的六代舞就是在周武王的统治意识之下，由传统的民间舞蹈演变为服务于统治阶级的礼仪舞蹈，充分反映了平民与统治阶层的阶级关系以及社会生产关系。在近代革命时期，各种革命传统民间舞蹈也同样反映了当时的社会风貌，当今各种形式的现代舞蹈更是现代多元文化社会的整体反映。作为一种身体艺术行为，舞蹈一直伴随着人类的发展而发展，并在人们的生活中扮演着重要角色。

（二）对传统文化的开拓和创新

文化传承的核心在于不断地创新与发展，它不单是指文化的传播和继承，更要赋予传统文化新的内容和形式，使其更加符合时代发展的需要。对于体育舞蹈文化来说，它既是对传统文化的传承也是一种发展和创新，起到的是过渡作用。

其一，体育舞蹈不断发展的过程就是其不断创新的过程。作为人们强身健体、调节身心的一项体育活动或者舞蹈艺术，体育舞蹈只有不断地发展更新才能跟上日新月异的时代发展，体育舞蹈受时代和社会的影响极其明显，只有与时俱进，不断吸收新的内容和形式才能引领时代的潮流，成为时代文娱文化的先锋。每个时代都有自己独特的体育舞蹈类型，这一类型必然是能迎合当时人们的审美需要和文化需要的。甚至毫不夸张地说，人类的发展历史同时也是人类体育舞蹈的发展历史，每一种新型体育舞蹈形式的诞生，都是特定时代的人群对体育舞蹈从舞蹈内涵、形式、方法以及途径等方面进行无限探索的结果，其中渗透着人们对当时生产力的需要以及社会生产关系的反映。一个时代的体育舞蹈反映着一个时代特定的审美特点和文化内容，呈现着时代特征。

其二，体育舞蹈不断发展的过程就是其不断推陈出新的过程。文化本身具有流动性和开放性，它不是封闭静止的。体育舞蹈在这种文化开放和流动的发展过程中，自然会吸收新的元素，摒弃传统陈旧的元素。这也是体育舞蹈对传统文化进行开拓和创新的一种必然过程。一旦一种文化不能适应人们的需要，人们就会"求变"，而对外来文化的吸纳和借鉴，是"变革"的基本前提，体育舞蹈也遵循着同样的发展规律，在复杂的文化环境和时代发展背景下，只有不断地推陈出新才能走在时代的前面，展现新的精神文明风貌。

（三）与外来文化的交流与传播

众所周知，古代人类文明诞生于距今约五六千年前古埃及文明，而如今的世界文明已经全球化发展，这源于人类文明的不断迁徙而产生的文化交流。人类迁徙是人类自主自觉的行为，伴随着人类开始进入文明社会，文化的传播分别向纵向和横向发展，为文化的交流和发展提供了广阔的空间。

人类自诞生之日起，便为了生存而进行着不断的迁徙，这种原始的迁徙活动，却正是文化流动的根本。一个民族走到哪里，这个民族的文化便会随之前往，和当地的文化融合后落地生根，成为一种相对新的文化形式。所以，从某种意义上来说，文化的发展就是人类文明的发展。人类的不断迁徙，使不同民族之间的文化先是发生着不断的交流、冲击、对比，随后便是接受、吸收、取舍，进而同化融合为更具有广泛性的文化形式。体育舞蹈的发展也经历这样的过程，来自世界各地的不同体育舞蹈文化在相互吸收、借鉴、融合的基础上不断地扩展和更新，形成了今天所特有的两大体育舞蹈项群，并以前所未有的传播速度在世界各地广泛流行着。体育舞蹈本身具有的社会性和群众性极其广泛，因此对外来文化相对更加包容。在不同民族、不同地域之间以及同民族、同地域之间的文化交流和传播方面，体育舞蹈都表现出了"博大的胸怀"。

自古以来，我国就有着璀璨的舞蹈文化，由于我国幅员辽阔，地大物博，民族众多，加之各个时期的多次历史变迁，我国舞蹈文化在呈现出鲜明的地域特点的同时，也能见到各民族舞蹈文化之间有相通的艺术元素存在。这些相通的艺术元素就是历史上不同地域和民族之间文化交流的结果，这就导致了我国舞蹈文化的丰富多彩。从地理位置上来看，以秦岭—淮河为界的南方和北方各有"两朵金花"，一朵是南方的花鼓，一朵是北方的秧歌舞。处于淮河流域上的安徽省不仅是南北地理位置上的交界处，同时也是南北文化的交流和中转处。比如安徽的"花鼓灯"就是南北舞蹈文化融合的典型，在"花鼓灯"舞蹈中，我们既能看到北方舞蹈的粗犷，也能体会到南方舞蹈的细腻，既能感受到北方男子的健壮豪放，也能见到南方女子的俊俏柔情。

关于我国古代与海外的文化交流活动，据文献考证，历史上一共有两次，一次是在鼎盛的汉唐时期，一次是在明代。汉唐时期，我国主要作为文化输出国，和西域文化以及南亚次大陆文化多有交流和沟通，比如古代丝绸之路，它不仅是一条商贸之路，更是一条打通中西方文化交流的文化之路。张骞出使西域打开了中西文化交流的大门，从河西走廊一带贯穿大西北直达西域，在这一广袤地域形成了独特的"绿洲文化"，如今这一地域依然是伊斯兰文化、维吾尔族文化和汉族文化并存的特殊地域，多种舞蹈风格并存，尤其是最具西域文化特色的维吾尔族舞蹈，至今都是我国舞坛中的一朵奇葩。而到了明代，我国主要作为文化输入国，西方文化思想等通过基督教传教的形式到达我国，进而对我国本土文化产生了一定的影响。

随世界经济一体化的发展，中华民族文化也处在一个全新的文化转型时期。新时期新形势下，新的文化选择和评判标准产生了，固有的文化价值取向也必须发生变化。我国的体育舞蹈将会越来越多地受到外来文化的影响，融合是未来发展的主流。这不仅表现在体育舞蹈之间，同时也表现在体育舞蹈与其他艺术之间，例如：戏剧、体操、武术等。

无论是在哪个时代，文化的创新都是在继承原有文化的基础上进行变革，使其适应新时代的发展需要，满足新时代下人们的精神需要，这是文化发展和时代进步的必然结果。

三、体育舞蹈的观赏价值

体育舞蹈作为一种艺术形式，必然有其独特的观赏价值和艺术表演价值。包括反映在视觉上的形式美、反映在听觉上的音乐美以及反映在外在的服饰美和仪态美。

第二章 体育舞蹈的功能与价值

（一）形式美

形式美的体现主要通过舞者的动作和姿态，这也是体育舞蹈核心的艺术表现手段。体育舞蹈以人体为艺术表现媒介，在动与静的交相辉映中，在音乐的节律下，通过从面部到躯干到四肢的动作表演，进行整体性、爆发性、转折性或者对比性的移动、造型和展示，在具体的表演过程中，尽情展现出多元的形式美。

（二）音乐美

毋庸置疑，音乐是体育舞蹈艺术表演的灵魂，两者关系就像鱼儿离不开水。旋律和节奏的配合，使体育舞蹈的艺术表达更加充分自如，继而增强体育舞蹈的情感表现力和艺术感染力。节奏作为体育舞蹈和音乐进行的共同基础，为体育舞蹈的和谐之美提供了条件，节奏的舒缓或高亢，热烈或平静，欢快或悲伤同时也会表现为体育舞蹈风格的柔和或热情，兴奋或低沉等，在音乐节奏的统一调度中，舞者与舞蹈、音乐三者融为一体，表现出高度统一而平衡的美感。

（三）服饰美和仪态美

服饰美和仪态美也是体育舞蹈表现出来的美，主要体现在男女舞者的着装上。往往不同风格的舞蹈要搭配不同风格的服饰。摩登舞要求男士的装扮以黑色燕尾服和专用舞蹈皮鞋为主，以彰显绅士风度，气质不凡；女士则身穿鸵鸟毛材质的大裙摆长裙，搭配相应的软底舞蹈高跟鞋，以凸显女士的优雅端庄和美丽大方。拉丁舞的风格不同于摩登，在着装上男士身穿紧身衣裤，以凸显男性结实的肌肉和紧致的线条，女士则以自由浪漫、性感随意、装饰华丽的短裙为主，往往在腰部、背部、腿部裸露，以凸显女性的形体美。

摩登舞要求男士的着装要尽量庄重，体态挺拔，神采奕奕，即使是在进行比较轻快活泼的跳跃式舞蹈时，也要注意体态的挺拔与风度，这是礼仪性审美的要求。体态挺拔是一个人精神面貌健康的体现，同时也是有礼貌、有教养、有尊严的体现。舞者这种良好的体态风貌也会带给观赏者精神上的振奋，同时也是对观众的尊重，所以说，服饰美和仪态美在体育舞蹈审美中占有重要的位置。

综上，体育舞蹈以自身特有的审美功能成为现代人强身健体、抒发情感、自娱自乐、情感交流的重要途径之一，与人们的生活息息相关。体育舞蹈作为一种文化纽带，是不同国家、不同民族之间进行文化交流、沟通合作、促进和平的一种文化语言。对于个人而言，体育舞蹈可以丰富业余生活，有助于建立良好的人际关系，有益身心健康。

第三章　体育舞蹈的文化传播

第一节　体育舞蹈文化传播过程

一、体育与舞蹈之间的文化联系

文化产生于人类生产劳动，又反作用于社会发展。体育舞蹈文化作为文化范畴的一部分，是一个国家或者民族在某一特定历史时期的文化产物，反映着一个民族的性格或情感，并以其特有的艺术形式和规律影响着人们的生活观念、审美观念和价值观念。广义的体育舞蹈，是指人类进行体育舞蹈活动时所创造的物质文化和精神文化的总和。从狭义上讲，体育舞蹈则是指蕴含人类身体运动艺术以及舞蹈艺术元素的一种文化产物。

体育舞蹈是"体育"和"舞蹈"的综合，都是以身体本身为表达语言的运动形式或艺术形式，是基于人体的运动规律、审美规律以及艺术规律而创造的艺术形式，以展现人体美、精神美、情感美为基本审美目标，以反映现实生活、表达内心情感、建立和谐的人际关系为最终目的。体育舞蹈的发展进程始终与文化内容紧密相连，具体体现在以下几点。

体育舞蹈文化兼容体育文化和舞蹈文化，两者均是伴随着华夏文明的诞生而出现的。在漫长的历史进程中，体育和舞蹈之间的关系妙不可言，两者都是以身体为媒介进行运动或者艺术活动，但两者在表现形式上有所不同，舞蹈相对于体育活动更具有审美性、艺术感染力和情感表现性，体育则主要是以强身健体为主要功用的运动形式。也正是因为表现形式和功用的不同，决定了体育与舞蹈分别有不同的受众群体、不同的表现场所以及不同的情感表达方式。

体育活动的受众群体不同于舞蹈。体育基于身体锻炼需要，其受众群体往往是基于相同需要的健身爱好者和体育运动员。而舞蹈基于艺术表达的需要，其受众群体往往是舞蹈演员和艺术爱好者。体育是身体力量和动作的展示，舞蹈是身体艺术和情感的表达，一个主要追求力量美，一个主要追求艺术形式美，其受众群体自然不同。

体育与舞蹈对情感的表达各有不同。体育展示的是身体肌肉的力量美，在表现情感时，通常比较活泼且充满激情，或是充满男子气魄。舞蹈则通常是在音乐的配合下，通过身体艺术性的肢体动作来表现人物情感，其风格多样，可以欢快，可以悲伤，可以热烈，可以低沉，情感表现丰富。

体育与舞蹈的表现或者表演场合不同。体育是纯粹的运动项目，其展现场地一般是室内的运动场馆或者户外的大型体育场，比赛性质的体育活动则在大型的竞赛场地举行；舞蹈是表演艺术，一般在室内的各种剧场或者晚会舞台进行，有时也会作为大型户外活动或者竞赛活动的助兴节目在比较大的户外场地举行。

综上，体育与舞蹈在活动表现形式上有明显的不同，体育是以强身健体为主要目的的一项运动，舞蹈则主要是以表现形体之美、表达思想情感为主的艺术表演活动，两者既相互区别又相互渗透，彼此互相交流发展。

二、体育舞蹈文化的传播与发展

任何事物的发展都离不开对旧事物的创新与变革，直到最终完全取代旧事物，这是事物向前发展的必然过程，体育舞蹈文化的发展同样不例外。作为外来文化，体育舞蹈最初传入我国时发展得并不顺利。人们对这一新鲜事物充满了好奇，因为认知上的有限，人们多持观望态度，犹豫不决，将信将疑。但经过一段时间的沉淀和积累后，体育舞蹈终究依靠自己的独特魅力扫清了发展路上的一切障碍，逐渐被人们接受，直到现在在全国范围内广泛流行起来。

西方学者习惯将体育舞蹈文化的传播过程分为两个部分：第一部分是指体育舞蹈文化的形成和发展过程。从12世纪到18世纪经历了从奥地利民族舞→德国的兰德勒舞→意大利、法国的沃尔塔舞→英国的乡村舞→法国的小步舞到法国四方舞的历史演变过程。第二部分主要是指体育舞蹈在发展演变中不断整合成熟的过程。从最初的社交舞到现在的体育舞蹈经历了不断的规范过程，吸收外来舞种充实体育舞蹈的内容。不同国家的学者对体育舞蹈文化的传播过程有不同的认识，我国学者张清澎认为体育舞蹈文化发展的历程是从原始舞蹈到公众舞，从民间舞到宫廷舞，从社交舞到国际标准交际舞的发展过程。早期社交舞的舞姿、舞步以及跳法最早在1924年由英国皇家舞蹈协会规范和制定，国际标准交际舞在20世纪50年代前后命名了七种舞别，拉丁舞在1960年被纳入了体育舞蹈的项群之中，经过了几十年的不断发展和进步，体育舞蹈终于在2008年获得国际奥委会的认可正式成为体育比赛项目之一。

体育舞蹈在我国的传播是从19世纪50年代开始的，经过一百多年的发展日臻成熟。我国的体育舞蹈在技术内容上主要包括竞技性、健身性和表演性体育舞蹈形式；在组织体系管理上有小到市级、省级体育舞蹈协会，大到国家级的"中国体育舞蹈联合会"；在赛事上，主要包括全国体育舞蹈比赛、中国体育舞蹈世界公开赛以及全国体育舞蹈系列积分赛；在教育领域，体育舞蹈最高发展是硕士学位教育。

我国的体育舞蹈文化虽然起步时间比较晚，但如今已成为国际舞台上有一定影响力的体育舞蹈文化大国。体育舞蹈文化在我国取得了长足的发展，几十年来已经形成了一定的发展规模，有了一定的群众基础。在竞赛方面，我国的体育舞蹈队在黑池舞蹈比赛、万人桑巴大赛等国际赛事中佳绩连连，由我国作为主办国主办的各项国际体育舞蹈赛事也越来越多。随着我国国力的日益强盛，人民生活水平的日益提高，我国体育舞蹈事业的发展也必将与时俱进，呈现出蓬勃发展的状态，与国际水平接轨，甚至成为国际体育舞蹈的排头兵。

目前，国际上体育舞蹈水平较高的国家大多数都是欧美国家，以英国、德国、意大利、波兰以及美国等国家为主，整体来说，我国的体育舞蹈技术水平还是相对较弱的。但是近几年来不乏出色的选手在世界舞台上大放光彩。比如被誉为"拉丁舞冠军"的王为和陈金两位选手在英国黑池体育舞蹈节比赛中曾多次摘得桂冠，让具有中国特色的体育舞蹈在世界舞台上脱颖而出。

体育舞蹈在我国整体呈现出"东强西弱"的地域发展特征。我国的东部地区在经济、文化、政治等方面要比西部发达，经济的落后是影响体育舞蹈在西部发展滞后的根本原因。据相关学者统计，在我国举办的全国性体育舞蹈锦标赛中，八成以上的冠军选手均来自以江浙地区、上海以及广东为主的东部省市，相比之下，西部省市中能有资格参赛的地区不多。另外，我国专业体育舞蹈教师和优秀裁判队伍也相对匮乏，没有高水平的体育舞蹈教师，优秀选手的输出自然就会滞后。裁判员整体趋向于老龄化，其文化水平普遍不高，年轻的裁判员更是凤毛麟角。但是我国的体育舞蹈管理组织机构的形式基本和国际一致，在这方面完全参考国际模式，所以相对来说较为完善。

体育舞蹈在高校的发展依然不成熟，其主要问题表现为师资力量的匮乏、体育舞蹈课程发展不平衡等方面。师资力量方面的问题主要表现在专业水平的参差不齐，我国相当一部分体育舞蹈教师并非科班出身，而是从其他体育专业转行为体育舞蹈教师，这对于体育舞蹈教学的发展是不利的，没有专业体育舞蹈教师的传授，学生很难学习到高水平的舞蹈技巧。截至到2017年，我国有46所高校开设了体育舞蹈课程，其中包括体育类院校、舞蹈类院校、师范院校以及综合类院校，目前这一数字还在继续增长，整体来看，体育舞蹈在高校的普及范围相对较广，但是平均下来，体育舞蹈在高校的普及年限并不够长。另外就是学习体育舞蹈的男女人数比例不平衡，体育舞蹈形式要求男女作为彼此的舞伴，人数的偏差，势必会从整体减少体育舞蹈在高校的普及率。综上来看，体育舞蹈在我国的传播与发展还有很长的一段路要走。

三、体育舞蹈文化在中国本土化发展

（一）体育舞蹈本土化发展过程中的问题分析

体育舞蹈在19世纪50年代前后传入我国，这一百多年来，体育舞蹈在我国本土化的发展过程也充满了坎坷，尤其是时局动荡不安的年代，体育舞蹈的发展受政治、经济、文化和社会的影响非常深刻。从引进到初步发展，从观望到开放，从认同到被禁止，直到改革开放以后，随着我国经济水平的发展以及人民生活水平的提高，体育舞蹈才算是正式进入了发展期，在政府的积极引导下，开始向规范化方向发展。这得益于体育舞蹈本身所具有的价值和艺术魅力，同时也得益于国力的增强和国际文化大环境的影响。不过体育舞蹈在我国的发展同样还存在着不少问题。

1. 体育舞蹈发展进程受到传统文化的制约

这一问题在体育舞蹈早期传入我国时表现得最为突出。19世纪50年代，虽然有了新思潮、新文化、新生活的出现，但体育舞蹈作为"舶来品"却极其不受待见。体育舞蹈为男女共舞，必然会有身体上的接触，而我国素来有"男女授受不亲"的传统思想，像体育舞蹈这种需要男女有身体接触的舞蹈是万万不能被传统思想所认可与接受的。当时，能够接受这种舞蹈的人大多数是接受了新思潮的年轻人，在那个兵荒马乱、社会动荡不安的复杂时代背景下，这些勇敢的年轻人多数被认为是"不知礼义廉耻的堕落青年"，体育舞蹈被认为是有伤风化的、破坏传统礼教的"邪舞"，因此民间和官方一度出现了"禁舞"潮流，从这一点就足以看出传统文化思想的桎梏。

中国传统民间舞蹈的表现形式和情感表达方式与西方舞蹈有着明显的不同。中国民间舞蹈反映的也是中国传统的中庸思想，追求天人合一，物我两忘的境界，反映到舞蹈中多以复杂的面部表情和较为广大的场景来进行内心情感的表达。西方思想则以理性思维和客观认识为主，强调物与我的对立，反映到体育舞蹈中则以肢体动作语言来表现人物内心的思想情感，表现空间则为男女二人的对舞空间。中西方的审美哲学观的不同导致了舞蹈表现形式的差异。中国传统民间舞蹈含蓄、内敛，西方体育舞蹈多豪放、热烈，中国传统审美特征也在一定程度上影响了我国体育舞蹈选手对体育舞蹈音乐的理解，使其在身体表现力上有所欠缺。从这个意义来看，传统文化思想形成的民族特质根深蒂固，这在一定程度上影响了体育舞蹈在我国的发展。

2. 体育舞蹈的发展水平呈现出项目依附性

我国体育舞蹈的发展主要依附于国际体育舞蹈的发展水平，从最初传入的交际舞到后期引进的竞技性体育舞蹈，其动作技术、竞赛规则、组织模式等已经在国外完善成熟，我们只是照搬西方体育舞蹈现成的模式，依赖性很强。换言之，我国的体育舞蹈在本土的发展没有绝对的发言权，完全取决于西方体育舞蹈的发展水平。

3. 体育舞蹈创新发展乏力

虽然我国的体育舞蹈发展主要依赖于西方国家体育舞蹈的发展，但是体育舞蹈进入我国后也有一定的创新和演绎。尤其是随着改革开放的深入，人们的思想得以空前的解放，开始勇敢追求和尝试新鲜事物，一些基于体育舞蹈发展而来的新舞种在人民群众中应运而生，如"南京小拉舞""北京平四"等。但是这些创造主要是在原有的体育舞蹈基础上加入了一些中国元素，比如在形式上加入了我国时下的流行音乐、我国的传统服饰旗袍等，在舞蹈动作和情感表现上植入了我国特有的民族特质，这种创新活动多属于个人的自发行为，尚未形成一定的系统科学性和理论上的体系规范，新创编的舞蹈动作也缺乏相应的理论支撑，最终还是要参考国际体育舞蹈创新方式和思路。

4. 体育舞蹈价值观分化后的冲突性

我国体育舞蹈的发展目前整体呈现出两极分化的特点，竞技体育舞蹈的发展呈现出蒸蒸日上之势，而健身性体育舞蹈的发展则相对落后，这种发展现状从长远角度来看对建设体育文化强国是不利的，体育发展要落实到每一个个体身上，而不单单是为国争光的运动员身上。健身性体育舞蹈虽然是大众健身项目，也已经纳入竞赛体系，但是其发展后劲明显不足，缺乏有规模的组织体系、技术体系等必要支持。

（二）创新与发展——体育舞蹈与中国元素的融合

任何一种文化的迁入都会和当地的本土文化发生冲突，同时也会发生融合。体育舞蹈在我国前期的发展主要是以学习为主，以西方模式为参考样本，学习西方的体育舞蹈技巧，目前所处的发展阶段应该要逐渐向"本土化"进行。在民间一些团体中，一些有想法的舞者早就开始尝试将中国元素运用到体育舞蹈中来，虽然没有形成一定的规模和体系，但是发展方向是值得肯定的。首先，中国元素的加入能使体育舞蹈的发展更加本土化，更加适应我国人民的审美需要，同时也能赋予体育舞蹈更多、更新鲜的内容，充实和丰富体育舞蹈的表现形式。其次，中国传统文化元素的加入还能让世界通过体育舞蹈的形式了解中国，对我国传统文化在世界范围内的传播和传承有一定的促进作用。

体育舞蹈在我国的发展一直受到我国传统文化的影响，中西方在审美取向方面存在着很大的差异，这也是体育舞蹈在我国早期的发展中受到制约的原因之一。体育舞蹈传入我国初期是不被国人接受的，其舞蹈的表现形式、相对暴露的服装、情感的表达方式都过于直白、热烈，这与我国传统的"含蓄内敛"的思想文化背道而驰，这也是体育舞蹈传入我国一百多年以来依然未能被大众广泛接受的原因之一，时至今日，这种影响依然存在。尝试在体育舞蹈中加入中国元素，无疑是一个促进体育舞蹈本土化发展的良方。所谓的本土化发展，就是要和本土传统文化相结合，只有这样，体育舞蹈才能在我国的大地上走得更远更好。要把中国元素作为体育舞蹈与我国民众连接的纽带，从而从思想上化解我国民众对体育舞蹈的疑惑和矛盾，进而认同和接受体育舞蹈文化。在体育舞蹈中引入中国人所熟悉的一些元素，观众不仅能从中重温中国传统文化的魅力，也能从新的角度去理解体育舞蹈自身的艺术魅力和文化价值。

人类所创造的舞蹈几乎有着相同的诉求，只是因为诞生的地域不一样，民族不一样，导致人们对这种诉求的表达方式不一样，运用中国元素就是让我国民众基于自己的传统文化构成去欣赏体育舞蹈，并从中得到价值观和审美观的领悟和共鸣，同时通过体育舞蹈形式促进中国传统文化的传承和传播。要想将中国传统文化元素运用到体育舞蹈中，不妨从体育舞蹈动作、音乐、服饰妆容、礼仪、道具、舞蹈作品名称等几个方面进行尝试：第一，在体育舞蹈动作的编创方面主要考虑舞蹈动作的"中国化"，可以从中国古典舞蹈动作中借鉴可以运用的元素。如弹跳、旋转以及翻身等，还可以吸收我国民族传统舞蹈中的经典动作元素。我国的舞蹈文化博大精深，如加以灵活运用，势必会让体育舞蹈更加熠熠生辉。在音乐方面可以考虑直接运用中国音乐或者在西乐中加入中国元素，如果舞蹈动作风格整体都偏向于中国风，就可以考虑直接用中国传统曲目；在西乐中加入中国元素可以是演奏乐器的加入，也可以在节奏和节拍上进行改变。在服饰妆容方面，可以是直接穿用中国特色服饰，如旗袍或者是改良后适合进行舞蹈动作的旗袍，也可以在西方款式中从颜色、图案等方面加入中国元素，比如刺绣等；妆容方面可以参考采用古典妆容，以彰显东方女性的柔美与温婉，或者是从戏曲元素中寻找适合的元素加入其中。在礼仪方面，可以尝试从课堂礼仪、表演礼仪、接待礼仪、竞赛礼仪、观赛礼仪等方面植入中国礼仪元素等。

具体的创新本土化需要做更多，如在动作编排上的创新、大众的广泛参与，提升民族自信心与自豪感，中国文化在国际上的传播与互动等。

1. 提高动作编排的创新性

目前,我国体育舞蹈的动作编排都依据西方体育舞蹈,中国尚无专业的体育舞蹈编创团队,能够反映中国传统文化特征的体育舞蹈作品更是凤毛麟角。事实上,我们完全有能力做好体育舞蹈的"中国式"动作编创。

体育舞蹈的基本和核心是舞蹈动作,舞蹈动作是情感表达、艺术表现的载体。可以说,体育舞蹈动作的可塑空间和创造空间大,中国丰富多样的传统文化元素更是为体育舞蹈动作的革新提供了丰厚的物质条件。除了中国的传统舞蹈文化,武术文化、戏曲文化、少数民族舞蹈文化等中国传统文化中的代表元素都可以成为体育舞蹈动作编创的灵感来源,可以广泛运用于体育舞蹈团体舞的队形编排之中,在遵循世界体育舞蹈联合会赛程规则的基础上可以灵活运用中国字、太极图等具有中国文化特色的象征性符号。同时还可以根据中国人特有身体特点和独特的情感表达方式创编具有东方色彩的体育舞蹈动作。

只要我们坚持不懈地将体育舞蹈与中国本土文化进行合理的融合,相信终有一天具有中国特色的体育舞蹈会得到世界的广泛认可,随着我国国力的不断增强,我国体育舞蹈文化的蓬勃发展只是时间的问题。

2. 推动大众广泛参与

我国体育舞蹈的发展以竞技性体育舞蹈为重点,专业性极强,以培养专业的体育舞蹈运动员为主要目标,并追求在竞技体育舞蹈比赛上取得优异成绩,无论是国内比赛、国际比赛,还是院校开展的"桃李杯"舞蹈比赛,人们重视的多是奖牌的数量。竞技性体育舞蹈承载的是民族意义以及国家体育事业在国际上的地位。而体育舞蹈在我国要想获得长足的发展就必须在广大的人民群众中扎根,所以向大众普及推广体育舞蹈势在必行。竞技性体育舞蹈的专业性太强,不利于推广,要尝试建立业余体育舞蹈组织体系,以便在全民中开展比较接地气的体育舞蹈活动。

事实上,民间有很多热爱体育舞蹈的人士,对交谊舞也充满了兴趣,他们在参加体育舞蹈活动中,根据自己的需要对传统体育舞蹈进行了适应性的调整,比如"慢三""快四""巴吉特"等体育舞蹈形式就是他们对传统体育舞蹈进行"中国化"创新的产物。体育舞蹈在我国民间推广的难度比较大,一是没有合适的场地,二是没有正规的民间体育舞蹈社团组织,现有群体只是零星分布于各个社区或者是城市公园,且大多都属于个人行为,这一系列因素最终导致难以形成相应的体育舞蹈文化。没有体育文化的铺垫,体育舞蹈在民间中的传播难以自觉形成。

体育舞蹈传入我国后,爱好者们不拘一格,根据自己的喜好大胆地将中国流行音乐作为体育舞蹈的伴乐，同时也不拘泥于演出场所，不论是在公园还是社区广场，音乐响起便翩翩起舞，甚至不在意穿着是否华丽，一双普通的布鞋，一款简单的连衣裙，朴实无华的中山装，都不影响舞者在舞池中一展风采，体育舞蹈在我国民间的发展甚至也呈现出了地域上的不同。

除此之外，近年来，在国家体育总局批准和支持下，国家体育总局、中国体育舞蹈联合会也发起了全民性质的体育舞蹈比赛，这种新式的比赛有利于激发民众参与体育舞蹈活动的兴趣和热情，对促进体育舞蹈在全民中的普及有一定积极意义。

3. 提升民族自信心和自豪感

由于体育舞蹈是舶来品，长期以来我国体育舞蹈运动员一直处于机械的模仿阶段，不管是体育舞蹈的表现方式，还是音乐、服饰等舞蹈元素几乎是完全照搬西方体育舞蹈，一味地模仿让我们的运动员在国际舞台上的自信心不足，在各类比赛中的成绩也不尽如人意。尤其是在我国体育舞蹈走上国际舞台的初期，我国运动员明显信心不足，无论是从身材方面还是舞姿方面，我国运动员都很难从中找到信心，欧美人高大强壮的身材、白皙的皮肤、精致的五官等外在优势以及西方人天生豪放不羁的性格都让西方体育舞蹈的魅力格外耀眼，相比之下，我们东方人身材娇小以及相对内敛的性格就显得相形见绌，这种现状直到中国传统文化元素的加入才有所改观。

近几年来，体育舞蹈开始积极尝试加入中国元素，塑造自己独特的艺术魅力，彰显东方风采。从体育舞蹈的服装、音乐以及队列编排方面积极引入中国传统文化元素，如颜色上运用中国红；图案上运用中华民族的图腾龙、狮子、祥云、太极等传统文化图案符号；音乐上则选择中国古典音乐或者传统民乐等，比如耳熟能详的民歌《茉莉花》等。中国传统文化元素的运用使体育舞蹈具有了别具一格的东方艺术美，丰富了体育舞蹈的表现形式。我国的体育舞蹈运动员开始在世界舞台上找到了自己的位置，民族文化自信和民族自豪感开始凸显。

4. 中国文化的传播及国际交流的互动

每一个民族都有自己的民族特质和民族精神，这种民族性的精神属性为该民族所特有，并反映在宗教、文化、民风民俗、艺术、科学等方面。一首民歌、一段舞蹈、一种乐器、一种风格的绘画艺术等都是一个民族特有的文化符号，反映着一个民族代代传承的生活方式，体现着一个民族特有的精神文明。中国传统文化元素在植入体育舞蹈的那一刻，便已开始彰显出中华民族特有的民族风采。

体育舞蹈与中国传统文化元素互融互惠，一方面中国传统文化元素的加入，使体育舞蹈的内容和表现形式更加丰富多彩，另一方面，体育舞蹈同时也是传承和发扬中国传统文化的载体，体育舞蹈演员在作为一名体育舞蹈运动员的同时也扮演着中国传统文化传承人的角色，是中国文化与国际文化进行交流的使者。

我国自古以来就有"以武会友"的传统。当今世界，国际文化交流频繁，艺术的多样性丰富了国际文化的交流方式，体育无国界，艺术无国界，体育舞蹈同样也没有国界之限，以"舞"会友也可以成为体育舞蹈与世界对话的交流方式。中国传统思想中儒家的中庸思想体现着中华民族的思维方式，具有独特的民族文明魅力，是我们中华民族的灵魂所在，因此，如何在体育舞蹈中体现中庸思想也是亟待解决的问题。

体育舞蹈从表现形式来看，属于竞技表演项目，中国传统元素的加入要从形式和内容两方面同时入手，不仅要融入直观可见的中国元素，也要在内容和灵魂中融入中国思想，体现中华民族的民族特质和思维方式。比如，在体育舞蹈的谢幕礼仪中，可使用传统的"作揖鞠躬"礼，这种礼仪自古以来就是我国特有的表示感谢或者见面问候的礼仪。这种礼仪表现了对长辈、客人、尊者等人的尊重和礼让，同时也表现了行礼人自身的谦卑，自古以来，君子以谦逊为美德，这种礼仪通过降低自己的身份或姿态来拉进与对方的距离，从而建立有效的社交。一个简单的行礼，反映着中华民族特有的民族精神，反映我们崇尚谦卑礼让、不卑不亢的品格作风，通过这种谢礼方式让国际友人了解我们的德行追求，发扬我国优秀的传统文化，表达我中华民族特有的民族魅力。体育舞蹈在中国吸收中华大地的营养、丰富壮大自己的同时，也能展现中国传统文化的魅力，让世界重新认识中国。

第二节 体育舞蹈文化传播途径

自人类诞生开始，人类的传播活动就产生了。任何新兴事物的产生都发源于旧事物，我国的体育舞蹈从国外传播而来，在我国经历了从交谊舞到国标舞，最后发展为标准的体育舞蹈的过程。20世纪初，交谊舞由欧美人士、海外华侨和留学生引入中国上海，后来在天津、广州等开放城市逐渐流行。体育舞蹈的传播途径基本围绕着商贸活动、文化交流与教育以及人口迁徙等几个方面进行，体育舞蹈在我国的传播和发展途径大抵也是如此。

一、体育舞蹈与商贸活动

任何一种文化的传播都离不开商贸活动。文化作为一种民族智慧的结晶，在其发展和传播过程中往往会被赋予一定的商品价值，从而在文化市场中得以流通。文化商品的产生就是为了满足不同文化商品消费者的审美需求、娱乐需求以及精神需要。在满足人们需要的同时，文化商品实现了自身价值并完成了最大化的文化价值和文化情感的传播。尤其是在现代社会，不论是民族文化还是大众流行文化，最终都会以"文化商品"的形式来实现文化的"商品化""市场化"和"国际化"的发展与传播。文化作为一种商品形式进行传播和发展，对内有利于增强民族凝聚力和文化自信，对外能够增强国力竞争力和文化输出。

在文化商品化进程中，发达国家起步早，发展快，他们通过发展文化产业将艺术、音乐以及娱乐传媒等文化艺术形式作为一种"商品"向市场推广，开发文化的商业价值，形成产业链，并深入开拓文化商品市场，实现文化商品的价值最大化，进而在文化的"商品化"进程中实现文化的传播和发展。

文化商品的本质在于"营销"，而不是"宣传"。相比西方发达国家，我国的文化产业发展缓慢低效，其一在于我国文化产业的发展存在意识形态上的发展障碍，其二在于以宣传代替营销，这两方面原因从根本上制约了文化的商品化发展进程。政治文化、大众文化、民族传统文化的性质、内容和类型均不相同，但是我国在发展文化产业的同时，总是试图将这三种文化"混为一谈"，将政治文化融入文化产业之中。传播党的思想，建设党的文化与传播我国民族文化是我国建设先进文化生产力的两个方面，前者应为后者的指导和前提，而后者则有利于提升我国的文化凝聚力和文化自信，提升我国的国际影响力和竞争力。

体育舞蹈文化的传播也和其他形式的文化一样，最终也离不开商品化的发展，体育舞蹈同样也会演化为一种商品文化，影响着体育舞蹈的发展。这里所说的商品文化并不包括非商品文化，指的是一般的商品在生产和交换中产生的文化价值。商品文化的价值体现反映在审美、情感、哲学、道德以及精神方面等，随着商品的交换而传递给消费者，消费者从中获得了精神上的满足。商品文化赋予了商品最大化的价值体现，最大限度地满足了消费者的消费需求。比如欧美文娱产业文化之所以风靡全球，就是因为欧美国家将商品文化的发展做到了极致，在全球领域拥有了绝对的文化话语权。可以说欧美文化领导权的形成依靠的就是让人们通过具体的商品消费来感知商品的文化价值。我国古代的"丝绸之路"之所以能打通中西文化的交流，依靠的也是"丝绸"这种商品的交换。

经济的全球化发展同时也意味着文化的全球化发展。在当今的文化格局中，西方文化具有绝对的优势，这也是由经济实力决定的。我国文化的国际化发展要想取得长足的发展，首先要有强大的经济推力作为基础，经济的崛起必将带来文化的兴盛。其次，在发展经济的同时，文化自身的发展主要取决于"宣传"和"文化产业化"这两方面，"宣传"

或者"外宣"的方式要广泛而有效，只有通过正确的途径和方式进行宣传才能被国际广泛认可和接受。比如，在体育舞蹈中加入中国传统文化元素就是对我国传统文化的一种宣传方式，这种方式直观而且有效。相比之下，体育舞蹈文化产业化的发展，目前对于我国来说还相对困难，这主要是因为体育舞蹈传入我国的时间尚短，我国民众对体育舞蹈文化的认知有限，缺少科学的认识和评价，导致相关的文化产品不被接受，市场遇冷，体育舞蹈文化的潜能没有被充分挖掘。

物质生活的满足后带来的便是精神生活的需求，文化生活需要便是其中之一。当今社会，人们的物质生活得到了极大的满足，而后产生的对文化生活的渴求极大促进了文娱产业的发展。人们在消费文化商品的同时也促进了经济的发展，人们的文化生活和经济生活得到了双重的满足和发展。在文化生活中，文化商品和服务作为文化的载体体现着商品的文化价值和经济价值，文化价值主要体现在"民族文化情结"，如果没有民族文化的支撑，商品的文化价值就是空谈，其发展必将难以为继，难以走远，这种商品文化最终也会被市场淘汰。

从我国在全球经济领域占有的市场份额来看，我国在全球的劳动分工中主要以制造业、农业为主，同美洲、拉丁美洲和大部分亚洲国家一样处于西方资本主义市场的边缘地带。但是随着近几年我国国力的增强，我国在电子领域、基础建设、商业贸易、旅游资源等经济领域开始逐渐在国际市场上崭露头角，经济的发展开始促进文化的传播和文化产业的发展。

发展文化产业的最终目的是传承中国本土文化，向世界传扬中国文化和民族精神，而不单单是经济上的创收，财政上的缩减。体育舞蹈文化产业化，是未来体育舞蹈在我国本土化发展的方向，即以体育舞蹈为载体，赋予体育舞蹈中国文化内涵，传播中国文化的同时发展体育舞蹈，做到双向促进、双向发展，从而逐步建立我国体育舞蹈文化在国际舞台上的影响力，并最终占得一席之地。

二、体育舞蹈与人口迁移

体育舞蹈自诞生以来，随着人口的迁移而传播是其重要的传播途径。从广义上来说，体育舞蹈文化的流动和传播方向取决于人类的迁移活动；从狭义上来说，在一个人口群体或者一个固定的民族内部，体育舞蹈文化也存在一定的流动和传播。简而言之，文化流动是指同一人口群体中产生的文化交流活动，传播则是指不同人口群体之间的文化交流活动。体育舞蹈文化的传播侧重于不同民族之间体育舞蹈文化之间的交流，其交流的结果可以是相互学习、借鉴融合，也可以是相互冲突，但最终一般都会取得文化交流上的统一和谐，以新的文化形式继续传播下去。

（一）体育舞蹈文化流动的方式

体育舞蹈文化的流动通常有纵向和横向、内向与外向、水平与垂直之分。人口内部审美观念以及价值取向的变化决定了体育舞蹈文化的内向流动，人类作为体育舞蹈文化的载体与主体，在人口内部常出现各种自我思想斗争、自我反省、自我交流等思想过程，而这一系列思想活动都是体育舞蹈文化内向流动的具体表现。同时，在体育舞蹈文化的流动中，作为该文化主体的人口，也会根据外界事物的不断变化来做出相应的改变和调整。

体育舞蹈文化的垂直流动主要是指在不同社会阶层之间的流动，这种流动可以是向上或者向下流动，也可以说双向流动，向上流动是指民间体育舞蹈文化向上影响官方体育舞蹈文化，向下则表现为官方体育舞蹈文化的绝对优势作用于民间通俗体育舞蹈文化的过程。每当有新的文化特质产生，社会上层往往是最早、最容易接受的阶层，从而向下逐层传播；同理，在下层社会备受欢迎的体育舞蹈文化经过一定的革新后，也会在社会上层产生影响。

体育舞蹈文化之所以会发生流动和扩散主要是由不同民族之间体育舞蹈文化的差异所造成的。不同的民族人口之间，有不同的文化冲突，这一矛盾冲突势必会导致体育舞蹈文化的再度交流，在不断的交流与碰撞之中，产生新的文化形式。这就与不同气压梯度下产生的空气运动变化是一样的道理。体育舞蹈文化的差异，会导致体育舞蹈文化在不同民族和地域上的梯度变化。这种梯度差异就是体育舞蹈文化流动的原动力，因为有了流动，体育舞蹈文化才得以传播。文化的传播过程一般都是先进文化向落后文化进行渗透的过程，学习和借鉴先进文化是人类的天性，所以体育舞蹈文化的传播也同样遵循这种原则。

体育舞蹈文化的纵向流动是指同一族群之间的世代传承，是自上而下的流动。体育舞蹈文化的世代传承主要通过口传身授的模式实现。体育舞蹈文化的横向流动是指同一民族不同地区之间的文化交流，这种形式的文化交流一般为双向交流，毕竟每个地区的体育舞蹈文化都有自己的特长之处，值得学习和借鉴。一般来说，人类的迁徙活动是自然选择的结果。人往高处走，水往低处流，无论是被动的还是主动的，暂时的还是永久的，人口之所以迁移一般都离不开生存环境、经济条件、政治因素等原因，无论是何种因素导致的人口迁移，体育舞蹈文化都会随着人口迁移活动而流动传播。

（二）人口迁移对体育舞蹈文化传播的影响

早期的人类社会，社会生产力低下，谋生方式主要以狩猎、采集果实为主，尚未形成自主生产能力，主要依附于自然的供给，这样的生存条件决定了早期人类社会居无定所、四处流动觅食的生活方式。后期，随着生产力的提高，逐渐出现了以农业生产为主的原始农耕经济和以游牧业为主的游牧经济。以游牧经济为主要生产方式的民族逐渐演化为游牧民族，早期的游牧业主要是粗放型的草原游牧或者畜牧业，游牧民族在不同地区之间游走，为的是寻找更加肥美的水草资源，因此，这一时期的游牧民族长期过着四处游牧、居无定所的生活。在游牧过程中，游牧民族不断与当地居民产生交集，这是人类早期社会较早的人口迁移活动，游牧民族的到来，带来了不一样的文化风貌，给当地居民留下了深刻的印象。同时当地先进的文化特征也会影响到游牧民族。体育舞蹈文化的"火种"就这样随着人口的不断迁徙而四处"燎原"。游牧民族就像是蜜蜂一样，在不同的花朵之间流连忘返，完成了花儿的交配活动。与此同时，游牧民族在意识的迁移活动中也"无意识"地完成了体育舞蹈文化的流动、传播和发展。

如果一个民族拥有先进的体育舞蹈文化，首先，它一定会积极学习和借鉴其他民族的体育舞蹈文化；其次，先进的体育舞蹈文化自带光环，一定也会被其他民族欣赏和学习。作为任何一种活的体育舞蹈文化，其自身都会表现出"表现欲"和"扩散欲"这样的特征。也正是这一特征成为体育舞蹈文化广泛流动和传播的原动力。

可以说，没有人口的迁移流动就没有今天丰富多彩的体育舞蹈形式。在体育舞蹈文化传播中，人口迁移起着重要的媒介作用，影响着体育文化在不同地域和民族之间的传播效果。人与人之间最好的交流就是面对面交流，面对面的交流效果比其他形式的效果都更好。人口作为体育舞蹈文化传播的主体，往往来自不同地区、不同民族，民族和地域的差异往往制约着体育舞蹈文化的传播，而在人口迁移活动中，人与人之间的口传面授最能提升体育舞蹈文化的传播效果，从而促进体育舞蹈文化在当地的传播。尤其是意识形态、思想观念等深层次方面的内容，采用面对面的交流方式更容易表达清楚，能真正实现体育舞蹈文化内涵的传播，这对于不同民族地区之间的体育舞蹈文化交流和传播具有重要意义。

随着人类生产水平的不断进步，社会的不断发展，世界格局开始趋同。终有一天，全球人类会成为文化共同体。纵观体育舞蹈的发展史，体育舞蹈的每一次变革无不是世界体育舞蹈文化交流和传播的结果。不同国家、不同民族拥有着不同的体育舞蹈形式，在国际文化交流中，这些原本属于不同民族的体育舞蹈文化在世界舞台上发生碰撞、融合，最终形成如今的体育舞蹈格局。我们有理由相信，随着全球一体化进程的发展，世界各地文化的互通互融，语言障碍的不断缩小，世界各民族之间的文化差异也必然越来越小，这个历程虽然漫长，但却是人类社会发展的必然方向，在人类社会发展的历程中，体育舞蹈文化的全球一体化特征也是必然的。

体育舞蹈文化现在与未来的发展始终会伴随着人类的迁移活动而发生变化，这一点毋庸置疑。世界体育舞蹈要想实现可持续发展，也必然要不断地吸收世界各地的体育舞蹈文化元素，而吸收发展的过程离不开人类的迁移活动。所以，从这个角度而言，人口的迁移流动对体育舞蹈文化的传播影响是深远而持久的，纵然有一天体育舞蹈文化实现了全球一体化，它也不会停下发展的脚步，新事物代替旧事物，代替的过程同样离不开人的迁移活动，人类的迁移活动带来的是文化的互动与交流。随着社会的发展，人类的迁移活动不一定是地理上的迁移，也有可能足不出户便实现了"迁移"，但不论是哪种形式的"迁移"，都必然是体育舞蹈文化传播的重要媒介。

三、体育舞蹈与文化教育

文化的发展离不开传播活动。文化是人类社会所创造并为人类共同拥有的，它具有社会性。个体意识形态中的思想观念，如果没有经过与他人的沟通和交流，仅属于个人思想，构不成文化意义。从人类文化的角度出发，教育的过程也是文化传播的过程，教育是教育主体面向被教育者进行的一项传播文化的社会活动。文化与教育两者关系密切，教育的基础和意义离不开文化传播，同时，教育活动也为文化的传播提供了机会与活力。传播和交流是人类社会活动的主要内容，在人类社会互动的过程中，文化既是产物也是活动对象。所以，研究文化就要同时分析人类传播活动、社会关系以及社会活动等方面的内容。

按照传播方向来分析，文化传播通常分为纵向传播和横向传播，二者是紧密相连的。纵向传播的内容主要包括同一文化体系中的思想观念、知识构成、价值体系、文化规范等文化内容上的传播；横向传播则是指不同文化体系之间的传播，表现在不同民族、地域之间不同文化的交流、碰撞等。对于我国的体育舞蹈文化来说，最初体育舞蹈文化是由当时留洋归来的留学生、革命家以及海外移民等从西方国家带来的，属于横向文化传播；体育舞蹈文化传入我国后，在我国本土得到了一定的传播和发展，属于纵向文化传播，所以从这一点来看，文化的纵向和横向传播都不能单一存在，而是相互依存的。本土传统文化的发展总是伴随着外来文化的不断融合，而外来文化的形态转变同样也离不开本土文化的滋养，这是文化发展的基本条件。那么，教育在文化传播中的意义是什么呢？有效地避免和化解传统文化与外来文化的矛盾，则是教育要解决的问题，唯有如此，才能从根本上实现外来文化和本土传统文化的有机融合。

体育舞蹈文化的纵向传播又可以细分为自上而下和自下而上的传播。自上而下指的是前辈对下一辈的体育舞蹈文化传播，自下而上则是与之相反的传播过程。在具体的教育活动中，多以自上而下的传播形式存在，而自下而上的传播形式也是存在的，但不具有普遍性，只作为个例存在，影响并不明显。在体育舞蹈文化传播中，教育将体育舞蹈文化传统作为传播的主体，与此同时，促进了体育舞蹈文化的传播。

文化的横向传播主要是指不同文化之间的交流与学习。从本质上而言，文化横向传播的过程就是学习、教育的过程。美国著名的人类学家罗伯特就曾经提出"人类90%的文化内容几乎都是人类传播行为的结果"的想法；还有的学者认为，古希腊文明也并非该民族自己创造和形成的，而是从别处"拿来"或者"发现"的文明，是学习而来的文明。可见，文化的发展必然离不开其他文化的滋养，而教育在不同文化之间的沟通中则起着重要的桥梁作用。

中国历史上先后发生的两次比较大的外来文化输入活动，从输入过程来看，这两次文化输入有一个共同点，那就是"教育"。第一次汉唐时期的文化输入主要来自印度恒河流域文化，当时在印度盛行的佛教文化中有一些思想与我国儒学思想有不谋而合之处，符合我国的儒释道精神，顺应了我国当时的思想教育潮流。第二次清朝末期的文化输入，主要是以西方的先进科技文化为主，因经历了众多战败，清政府开始派出大量的留学生和官员赴欧洲、日本等国家学习先进的科学技术。这些留洋海外的人员同时也将西方国家的文化带回了国内，成为文化输入的主力军。有一部分留学生将在西方的所见所闻记录了下来，精通英文的学者则开始大量翻译外文书籍。文化输入后，教育机构开始发挥它的"扩散"作用，使外来文化真正有了传播的土壤。

教育在体育舞蹈文化传播中发挥的作用主要表现在以下几个方面：

其一，在体育舞蹈文化的传播过程中，教育可以起到选择、整理和融合的作用，并且可以通过最有效的方式进行实际内容传播。

其二，根据教育效果的评价体系，在体育舞蹈文化教育的过程中，可以对体育舞蹈文化中的负面因素进行评价和修正。

其三，教育本身具有形式上的稳定性，在体育舞蹈文化教育过程中，可根据条件建立起稳定的师生关系和教学关系，有利于体育舞蹈文化的传播和发展。

其四，教育的系统性决定了体育舞蹈文化传播的全面性和专业性。

其五，教育形式的多样性可以扩大体育舞蹈文化的传播空间，比如现在的线上教学、空中课堂等多媒体教学方式，都可以扩大体育舞蹈文化的传播范围和受众。

第三节 体育舞蹈的国际化传播

一、体育文化的国际传播

体育舞蹈属于体育文化的一部分，要分析体育舞蹈的国际化传播，就必然要了解体育文化的国际化传播历程。在不同的历史时期，体育文化的国际传播均表现出不同的历史特征。这种历史特征，从本质上而言，归根结底是一个国家综合国力的反映。往往越是发达的国家，其体育文化越是先进，在国际舞台上也越是具有影响力。体育文化的国际传播，是体育文化自身适应外部环境的发展需要，体育文化发展的内在驱动力同时也是促进体育文化国际化传播的推动力。

（一）英国的崛起及英国体育文化在 17 世纪的传播

15、16 世纪，西班牙是海上霸主。直到 1588 年，西班牙的无敌舰队被英国击败，西班牙彻底丧失了制海权，自此，英国开始了殖民扩张政策，一度成了新的海上霸主，随后建立了庞大的殖民帝国，世界格局发生了巨变。

在 17 世纪的殖民统治中，伊比利亚半岛的民族信奉天主教，非常重视宗教传播活动。而英国人不同，随着政治主导地位的加强，科学技术以及经济水平的不断提高，英国的理性主义思想开始萌芽，英国人开始相信幸福的生活只有通过自己的不断努力才能获得，与宗教信仰没有必然的关系。理想主义思想、平等思想的发展与繁荣，在一定程度上促进了体育文化向规范化方向的发展。英国人开始有意识地制定统一的体育规则，"现代体育"的雏形开始在民众中自发生成；同时，在科技进步以及文化变革的双重作用下，英国体育也开始"量化"，并向现代化体育转变。

在殖民统治期间，英国对美洲大陆的管理最为严格，对其他殖民地的管理则相对宽松许多，这种宽松体现在文化和宗教信仰上的不强制。英国殖民统治的初衷只想从殖民地国家获得充足的生产原料、劳动力和生活奢侈品等物质和人力上的财富和利益，这一时期，英国人自始至终追求的都是经济利益，并享受经济利益带来的满足感和优越感。所以，在这样的时代背景下，英国体育在国际上的传播基本处于自然状态。

（二）英国的鼎盛及其体育文化在 18 世纪至 19 世纪的传播

18 世纪至 19 世纪中期，英国完成了伟大的工业革命，其综合国力持续增强。至此，英国在工业和贸易方面处于世界领先地位，成为世界第一强国。经济格局的改变也同时改变了英国殖民统治的思想策略，从过去单纯的资源索取发展到"文化植入"，想从民族文化上实施真正的殖民统治。英国人开始尝试将自己的世界观、价值观和生活观等思想文化体系输入殖民地的民众之中。文化输入开始由先前的"自然输入"转变为"主动输入"。在 1870~1901 年，英国的板球和足球文化开始在英国殖民地国家流行和普及，殖民地国家因为有了这一共同的体育文化而彼此保持着良好的关系，同时，英国的体育标准也随着体育文化的不断输出而传播到各个殖民地国家，实现了英国体育文化在全球领域的初步传播。

（三）美国的崛起及 19 世纪最后 30 年的美国体育文化

1776 年，随着《独立宣言》的发表，美国正式宣布独立。这一时期的大英帝国正值壮年，初出茅庐的美国在国际上并无太大影响力，其文化、经济等方面的发展也都相对滞后。在这样的时代背景下，美国的体育文化同样不引人注目，主要依赖于欧洲国家的体育规范标准和指导。早期的美国经济主要以农业为主，且一直依赖于欧洲国家。直到 19 世纪中期，美国南北战争爆发，这场内战对美国历史具有重要意义。战争结束后，美国进入"镀金时代"，到 19 世纪 90 年代末，美国工业经济迅速发展，国力开始突飞猛进，其工业产业甚至超过英国，跃居世界第一。

虽然这一时期的美国在经济上可以与大英帝国比肩，但是在军事和殖民统治上却不能与之相抗衡，论综合国力，当时的美国还远不及大不列颠，这就形成了美国在外交上的保守态度。比如美国在经贸往来方面，从不与欧洲国家直接竞争，而是采取迂回的策略在广袤的太平洋地区展开自己的商贸圈。另外，美国经济的迅速崛起也带来了美国宗教文化在世界范围内的传播。如果说英国是用殖民地统治的方式打开了世界的大门，那么美国则是用经济贸易的方式打开了世界的大门。基督教在美国获得了前所未有的发展，体育文化也作为一项重要内容获得了一定的发展。在这一历史时期，经济、宗教和文化并肩发展，美国体育文化也随着美国商贸圈在全球的拓宽而输送至世界各地。

（四）美国的鼎盛及美国体育文化国际传播

第一次世界大战以后，欧洲开始走向衰落，美国则逐渐走向鼎盛。第一次世界大战对欧洲大陆产生了深远的影响，欧洲国家战后的重建主要依附于美国的经济援助，美国瞬间成为欧洲大陆的"救世主"，饱经战争之苦的欧洲民众狂热地将美国视为"上帝"，欧洲各国对美国的依赖，致使美国自然地进入了欧洲诸国的事务中，同时也顺理成章地进入了欧洲各国的殖民地体系之中，此时的国际经济中心逐渐向以美国为中心的大西洋地区转移。这一时期，美国真正成为世界的中心，世界其他各国也开始重新认识这个国家。经济上的发达带来了综合国力的强盛，使美国这个刚刚独立不久的年轻国家在政治和文化上表现了前所未有的自信。超出所有人的想象，第3届奥运会竟然毫无理由地就在美国举办了，可见美国的崛起给世界带来的影响之大。

在1870~1918年这近50年间，美国体育文化的兴盛一直伴随着美国综合国力的提升而变化，综合国力的强大势必会带来体育文化的发展。但是美国在体育文化的国际传播方面实际上并没有什么建树，美国一味追求的是经济的发展，举办第3届奥运会也无非是为自己的强国风貌"增光添彩"罢了。

回顾20世纪初期的美国，它从欧洲国家的衰落中脱颖而出，成为世界强国，作为一个年轻的新生国家，本身并没有深厚的文化底蕴作为基础，美国体育文化的国际传播更多的是延续了欧洲的体育文化。美国体育文化的国际传播本身存着很多不足，但是如果忽略这些不足，美国体育文化的国际传播方法和内容相比欧洲的发达国家确实有了一定的进步，只是以现在的眼光来看，这种进步缺少实质性的内容。

二、体育舞蹈的国际传播

一种文化的传播往往与一个国家的综合国力密切相关，体育舞蹈的国际传播自然也不例外。由于体育舞蹈种类繁多，各个种类自产生伊始，就在不断地进行传播。所以，笔者没有选择个别种类一一进行介绍，而是选择黑池舞蹈节的发展来展现体育舞蹈的国际传播历程。

（一）欧洲国家体育舞蹈的传播态势

黑池舞蹈节的比赛组别虽然较多，但是黑池舞蹈节乃至全球的体育舞蹈总的来说应归结为两大舞种——摩登舞与拉丁舞。体育舞蹈源于拉丁美洲和欧洲，是由民间舞蹈演变而来的，人们称其为"社交舞"。社交舞在14~15世纪的意大利出现，后来16世纪出现在法国，并且巴黎在1768年还专门开办了交际舞厅，后来延传至今。美国人在第二次世界大战后将此舞蹈传播到了世界各地，直到现在仍十分盛行。英国人经过24年的研究，在对传统宫廷舞、交谊舞及拉美国家的各式舞蹈研究基础上，通过不断加工美化，终于在1925年颁布了四种舞的步伐，分别是狐步、华尔兹、快步和探戈，总称为"摩登舞"。1950年，英国ICBD（世界舞蹈组织）举办了"黑池舞蹈节"，并命名了规范后的舞蹈名，此后每年 5 月底，英国都会举办世界性舞蹈大赛。随着大赛的举办，维也纳华尔兹也被加入摩登舞的行列。在黑池舞蹈节中欧洲选手一直以来都以出色的表现展现自己，世界上许多顶级舞者也都来自欧洲，例如东尼·本斯与盖娜·菲尔维塔，还有德国的冠军沙沙与娜塔莎卡拉贝等。

从表 3-1、表 3-2 中可知，在近几届 21 岁以下摩登舞以及拉丁舞组别的比赛中，前六名中每年基本上有 4 名都来自欧洲国家，并且取得冠军的选手多数为北欧国家。可见欧洲国家是非常注重后备力量的培养的，并且成绩都较为稳定。

表 3-1 黑池舞蹈节 21 岁以下摩登舞成绩分析

时间	前六名选手国家
2011 年第 86 届	中国、波兰、英国、德国、意大利、丹麦
2012 年第 87 届	美国、英国、中国、意大利、波兰、俄罗斯
2013 年第 88 届	波兰、俄罗斯、中国、俄罗斯、中国、波兰

表 3-2 黑池舞蹈节 21 岁以下拉丁舞成绩分析

时间	前六名选手国家
2011 年第 86 届	乌克兰、意大利、南非、冰岛、捷克共和国、波兰
2012 年第 87 届	南非、中国、俄罗斯、波兰、丹麦、俄罗斯
2013 年第 88 届	俄罗斯、丹麦、俄罗斯、俄罗斯、中国、乌克兰

欧洲作为体育舞蹈的发源地，其体育舞蹈的发展有深厚的文化基础，且历史悠久，所以欧洲国家的体育舞蹈发展一直处于全球领先的地位。欧洲国家重视体育舞蹈的发展，注重培养体育舞蹈发展的后备力量和新生力量，为欧洲国家体育舞蹈发展提供了坚实的保障。在体育舞蹈技术水平的发展中，欧洲国家虽然代表着世界最领先的水平，但还在不断超越和发展。欧洲国家体育舞蹈的发展不同于美洲国家，欧洲国家体育舞蹈的发展总体上较均衡，欧洲各国体育舞蹈的发展水平都较高。因此，欧洲体育舞蹈在未来很长的一段时间里还会处于世界的领先地位。

（二）美洲国家体育舞蹈的传播态势

从近几届的各项舞种成绩来分析美洲国家体育舞蹈发展态势，见前表 3-1、表 3-2，美洲的成绩不尽如人意，仅在 2012 年 21 岁以下摩登舞组别的比赛中进入了决赛。

从近几届黑池舞蹈节各舞种的成绩来分析欧洲和美洲的体育舞蹈发展态势，是非常具有客观性的。黑池舞蹈节在世界体育舞蹈中占有很重要的地位，代表着至高无上的荣誉。

参加黑池舞蹈节的评委、选手都是非常专业以及权威的代表，每个国家的参赛舞者是非常能代表本国的体育舞蹈水平的。

欧洲国家在各舞种的成绩是非常突出以及出色的，并且欧洲国家体育舞蹈成绩较好且呈上升态势的国家有以下几个国家：意大利、波兰、丹麦、德国、乌克兰、斯洛文尼亚、俄罗斯等。且欧洲国家的体育舞蹈事业发展非常均衡，注重体育舞蹈事业的发展以及后备人才的培养，这从 21 岁以下拉丁舞组别的比赛成绩和 21 岁以下摩登舞组别的比赛成绩中可以看出。拉丁舞是一种展现舞者综合素质的舞蹈，其中表现力、舞伴配合以及气质特征都会影响选手在这一舞种上的成绩比分。

简单来说，从亚洲体育舞蹈发展的历史来看，除日本以外，其他的亚洲国家发展和起步都较晚一些，所以在很长一段时间里，无论是在参赛人数还是比赛成绩上，亚洲第一的一直是日本。中国于 1986 年从日本引进了体育舞蹈，至今已经有 30 多年的历史，虽然和百年历史的欧洲国家相比显得十分年轻，但是这 30 多年的经历，中国已从倒数跃居亚洲第一，水平已十分接近高水平国家，这就可以看出我国的体育舞蹈发展之迅速，而且我国十分重视培养后备力量。虽然我国的少儿体育舞蹈在数量上占据优势地位，但在质量上，与欧美国家还存在着一定的差距，因为从前的中国少儿体育舞蹈教学，并没有具体的规定，现如今已经与国际接轨，慢慢地步入规范化。因为日本的体育舞蹈发展形势十分乐观，在亚洲，成了我国最强的竞争对手，但是在后备力量上日本较为缺乏。这主要因为日本在孩子的幼年时期，对于体育舞蹈的学习以及发展设置了一定的障碍。小学并不允许开展体育舞蹈，许多孩子也只能进行家族式的培养，这就是日本选手中有许多是兄弟姐妹的缘由。

中西方体育舞蹈不同的文化背景导致了不同的艺术表现力。体育舞蹈是艺术与体育相结合的一个项目，体育舞蹈所表现出的艺术感染力是需要丰富的文化底蕴和深厚的历史积淀的。体育舞蹈在欧美的历史远远久于亚洲，有着更加丰富的文化底蕴。欧美国家体育舞蹈选手在表演时往往会结合当地的民族文化内涵和历史沉淀，演绎出富有感染力和艺术表现力的作品。而亚洲的很多选手只是在简单地模仿欧美国家的体育舞蹈，没有结合中华民族的优秀文化底蕴及历史沉淀，在体育舞蹈表演中缺乏应有的艺术表现力和感染力。

中国的体育舞蹈起步较晚，因此在体育舞蹈的技巧、经验与表现力上，还需要进一步提高。中国体育舞蹈近些年虽然发展迅速，但与欧美国家还存在一些差距，要大力借鉴欧美国家的成功经验。根据最近举办的几届黑池舞蹈节的成绩，可以发现，中国未来体育舞蹈发展的力量，一些体育舞蹈者正在向西方国家学习先进的技术，缩小差距。

中国要加强青少年队伍的建设，青少年队伍是发展体育舞蹈的重要后备力量，中国体育舞蹈教学训练要建立合理专业的训练体系,培育强大的青少年后备力量。体育舞蹈的发展不是一蹴而就的,需要长期的培养训练。近些年来,中国体育舞蹈项目发展迅速,当前后备发展力量较足,应该重视和培养新生力量,通过建立合理、科学、系统的训练体系培养新生力量,为中国体育舞蹈持续发展输送优秀人才。

第四章　我国体育舞蹈生态现状

第一节　我国体育舞蹈发展现状

体育舞蹈作为一种集舞蹈与体育为一体的综合性运动项目，传入我国的时间并不长，但是因其特殊的运动和艺术魅力而备受我国民众的欢迎。体育舞蹈也叫国际标准舞，是当代社会较为流行的一种具有竞技特点的体育活动或者说是舞蹈活动。

体育舞蹈发源于英国贵族，由当时贵族绅士和淑女的社交舞蹈逐渐演绎而来。在 20 世纪 80 年代，现代体育舞蹈正式被国人所认识，至今已经是家喻户晓，在公园、广场等公共娱乐场所，我们经常能见到民间体育舞蹈爱好者的身影，体育舞蹈是所有奥运会体育运动项目中最受广大群众欢迎的一项体育活动。

1999 年，在浙江宁波举行的全国首届体育大会上，体育舞蹈作为正式比赛项目参赛。出人意料的是，此次大赛体育舞蹈项目的参赛规模大大超出预期，无论是参赛人数还是参赛单位都为数可观。随着经济的发展，体育舞蹈在我国全民运动项目中得到了最为广泛的普及，运动技术水平也在不断提高，如今，我国职业体育舞蹈中的伦巴、恰恰舞等舞种已经接近国际水平。对内，体育舞蹈丰富了人们的业余生活，促进了体育舞蹈事业的发展，也产生了一定的社会经济效益；对外，体育舞蹈加强了我国与国际的体育文化交流，具有一定的外交意义。

相比体育舞蹈在民间的发展，我国职业体育舞蹈的发展稍显逊色，这主要是由我国的体育文化国情所导致的。职业体育舞蹈在我国的起步时间较晚，国家有关部门对体育舞蹈事业的发展相对不够重视，这就导致体育舞蹈在管理体系、教学培养、比赛活动等方面得不到足够的规范化管理。相比艺术体操、竞技体操等传统奥运体育项目，体育舞蹈在资金投入、媒体宣传、人事调配等方面存在很大差异，发展不平衡。因此，研究和探讨我国体育舞蹈的发展现状，为体育舞蹈事业的发展提供理论基础是非常有必要的。

一、文献分布情况统计与分析

（一）文献的期刊分布

分析文献期刊的分布情况，是对一项学术内容进行整体评价的有效方式，对于学者而言，不论是搜集资料还是参考文献，其针对性和有效性最为明显。目前国内较为权威的体育学术期刊当属《当代体育科技》和《体育科技文献通报》。通过检索中国知网，截至 2018 年，关于体育舞蹈的期刊来自《当代体育科技》的 500 余篇，源自《体育科技文献通报》的体育舞蹈文献近 200 篇，其中关于体育舞蹈发展现状的文献，源自《当代体育科技》的有 23 篇，源自《体育科技文献通报》的有 6 篇。从这一数据来看，《当代体育科技》的刊文数量相对更多，其影响也更高。《当代体育科技》和《体育科技文献通报》作为国内研究体育学术的核心期刊，为我国的体育舞蹈研究提供了宝贵的资源和理论依据，但是从整体来看，我国体育舞蹈的研究水平还有很大的提升和进步空间。另外，通过检索中国知网，关于体操的学术文献总库量为 4.64 万，体育舞蹈的总库量仅有 1.06 万，这一数据差异也让我们清楚地看到了我国体育舞蹈事业与体操事业的发展差距。

（二）国内体育舞蹈研究热点及其演变分析

从学术角度来看，我国的体育舞蹈学术研究可以分为前期、中期和近期三个阶段。自体育舞蹈引进我国以后，诸多学者围绕体育舞蹈展开了多个方向的工作。前期，主要的研究方向以体育舞蹈的特点、体育舞蹈在我国的可行性和必然性以及体育舞蹈的健身价值和开展意义等方面为主；中期的研究方向以高校体育舞蹈为主，其内容包括高校体育舞蹈的教学内容、方法、大纲以及实操训练等方面；近期的研究则主要围绕体育舞蹈的审美价值、心理健康以及体育舞蹈的市场化发展、体育舞蹈的编排和创新等方面展开。研究方向的不断深入和拓宽，为我国体育舞蹈事业的规范化发展提供了强有力的理论支撑和数据支持。

（三）体育舞蹈发展现状研究的地区分布

分析体育舞蹈发展现状研究的地区分布，也是评价体育舞蹈发展现状的有效手段之一。截至 2018 年，体育学术界内关于体育舞蹈发展现状的研究主要面向全国和主要省市，湖北、湖南以及陕西省的体育舞蹈发展现状的研究工作相对成熟，而其他省市的情况则良莠不齐，有些省市甚至还是一片空白。主要原因在于这些地区的经济发展相对落后以及民族特点和人文环境等因素的制约，导致这些地区没有形成浓厚的体育舞蹈文化，对体育舞蹈的开展和普及力度都不够。这也在一定程度上说明了 21 世纪以来，我国体育舞蹈事业虽然在全国进行得如火如荼，但其发展并不均衡。另外，在研究类型上，纯理论性的研究不多，主要以实证研究为主。

（四）体育舞蹈开展现状研究的研究对象信息统计

我国体育舞蹈的开展主要集中在高校的大学生、职业体育舞蹈运动员以及业余爱好者（中老年群体）。其中，高校学生是体育舞蹈活动开展的主要人群，占绝对数量优势，青少年和中老年群体则相对较少，因此，体育舞蹈开展现状研究的研究对象主要为高校学生，而对一些特定人群的研究则略显不足。比如考虑到青少年的课业和升学压力比较重，课余时间紧张，加之体育舞蹈的娱乐性较强，所以尚未在中小学广泛开展体育舞蹈活动。因而对青少年这一特定人群的研究就相对较少。其实这种因噎废食的做法是没有必要的，在中小学进行合理适度的体育舞蹈活动不仅有益青少年的身心健康，还能激发青少年对体育舞蹈的兴趣，对我国体育舞蹈后备人才力量的培养是有好处的。不过，体育舞蹈在中老年群体中的开展和普及，近年来开始成为重要的研究方向和热点。

另外，体育舞蹈在高校的开展也受男女人数比例失衡、男女心理差异等情况的影响，所以针对性别上的个体差异研究也有待成为体育舞蹈开展现状研究的研究内容和方向。目前，仅有为数不多的以男性为研究对象的体育舞蹈开展现状研究，由于人数较少，缺少足够的数据支撑，所以此类研究并不能说明体育舞蹈开展现状研究的性别差异性。

二、体育舞蹈市场的现状调查

纵观世界范围来看，2017 年专业从事体育舞蹈的运动员有四千多万人，平时以体育舞蹈为健身爱好的人更是不计其数。无论是国内还是国外，各种体育舞蹈健身俱乐部、社团、培训机构等更是不胜枚举。尤其是在体育舞蹈文化比较发达的国家，体育舞蹈的整体水平和普及率都比较高。

关于我国体育舞蹈市场的发展现状，我们从体育舞蹈的各类赛事中也能窥见一二。自 1991 年中国体育舞蹈联合会正式成立以来，体育舞蹈的方方面面都得到了相应的完善和管理。2000 年，体育舞蹈正式列入全国体育大会比赛项目，并在 2001 年确定了全国锦标赛、全国青少年锦标赛、全国队形舞锦标赛、全国精英赛等全国性体育舞蹈赛事必须平均每 5 年举办一次。另外，体育舞蹈的比赛形式也越来越多样化，2020 年全国体育舞蹈网络锦标赛更是打开了体育舞蹈网络比赛的先河，这项传统国家顶级赛事首次以线上和线下的形式结合进行，相关专家指出，采取"线上＋线下"的比赛形式不仅是防疫要求所致，更是当下互联网时代体育赛事的新业态。

我国的体育舞蹈赛事按照主办单位的不同，主要分为两类：一类是由中国体育联合会组织主办，一类是由体育舞蹈协会牵头，组织学校、个人、企业等单位赞助承办的赛事。中国体育舞蹈锦标赛、俱乐部联赛、世界性公开赛和邀请赛均是在中国体育联合会的组织管理下和其他单位共同主办的赛事，这几项赛事是我国体育舞蹈的权威赛事，参赛选手皆为职业选手，专业水平较高。相比之下，第二类由社会自发组织的体育舞蹈活动，多为业余性质的体育舞蹈表演或者比赛活动，群众参与较多。在一些经济较为发达的城市，每年都会举办各种主题的体育舞蹈活动，参加者不分年龄、性别，参与人数从几百到几千人不等，深受老百姓的喜爱。

名目众多的民间体育舞蹈比赛活动，在活跃了体育舞蹈文化的同时，也形成了庞大的体育舞蹈产业。体育舞蹈的消费行为体现在各项赛事的报名费、赞助费、门票以及服饰道具费用等方面。我国传统的各项体育舞蹈竞技比赛，名义上是在中国体育舞蹈联合会的组织下举办，但是管理体制相对混乱。由于各种比赛的门槛较低，又容易获得证书，在一定意义上满足了一部分人的需求，所以在市场上还有一定的生存空间，有关部分应严查此类机构或者单位，并予以取缔，以规范体育舞蹈市场。

我国每年举行全国性体育舞蹈大赛和世界大赛共计几十场，赛事众多，几乎是一个接着一个，致使很多专业运动员每年都在为了一个好奖项而奔波于各个赛场，疏忽了专业技能的训练和提升，这也是我国体育舞蹈水平难以赶上国际水平的原因之一。对于赛事的举办方来说，体育舞蹈赛事甚至成了"捞金"的工具，疏于对体育舞蹈赛事的规范化管理。这种种现象均违背了体育舞蹈竞赛的举办初衷，严重阻碍了体育舞蹈市场的良性发展。相比之下，活跃在大众中的体育舞蹈市场则相对纯净许多。大众从事体育舞蹈活动旨在强身健体，陶冶身心，更多的是追求娱乐性而不涉及功利性。

体育与影视之间的共同点就是它们都具有娱乐性，都是人们放松身心的方式，或许是因为这种天然的共性，体育产业与影视文娱媒体产业自然地产生了利益关系。随着全球娱乐文化的不断发展，体育舞蹈作为一种具有表演性质的运动项目，自然也就成了媒体的关注对象，主要表现在三个方面：一是舞蹈类娱乐节目的兴起；二是专业体育舞蹈赛事的媒体直播或者转播；三是专门面向体育舞蹈专业的媒体。中央电视台和地方卫视的很多频道会根据市场需要出品舞蹈类电视节目，如东方卫视在2006～2012年连续推出的季播综艺节目《舞林大会》，中央电视台第1频道在2013年策划播出的《舞出我人生》综艺节目，2018年由浙江卫视重新打造的《新舞林大会》以及2020年江苏卫视首播的《蒙面舞王》

等都是近年来比较优秀的舞蹈类综艺节目。这些舞蹈类综艺节目有的是针对明星的，有的是面向全民的。无论是专业舞蹈演员，还是普通的舞蹈爱好者都有机会登台献艺，拓宽了体育舞蹈的发展空间。中央电视台体育频道每逢体育舞蹈大赛都会进行直播或者转播，让观众足不出户就能了解到现场比赛情况，同时，收视率的高低也能直接反映出体育舞蹈的受众情况。另外，现在专业的体育舞蹈媒体也在日益增多，尤其是随着网络媒体的日益兴盛，各种网站、自媒体、头条、抖音等媒体层出不穷，体育舞蹈的网络化传播达到了前所未有的快捷和广泛。

体育舞蹈用品市场的发展情况也能说明体育舞蹈事业的发展状态。在体育舞蹈最初传入我国时，几乎没有专业的体育舞蹈用品制造商，随着体育舞蹈事业在我国的不断发展，体育舞蹈用品形成了一定的规模和产业链。体育舞蹈服装、饰品、舞蹈鞋等体育用品制造商如雨后春笋一般勃勃生发，甚至还产生了一些较为知名的大品牌，如 ADS、贝蒂、SuperDance 等舞蹈鞋品牌，以及何氏、万芳、戴氏、福劳瑞、大唐、莱斯罗曼等体育舞蹈服饰品牌等，不论是在质量还是生产规模上都获得了长足的发展。如今，随着体育舞蹈事业在我国的深入普及，体育舞蹈用品市场的发展也越来越完善，完整的产业链、先进的技术生产、品牌形象的塑造、多元的市场竞争力，都体现出了体育舞蹈用品市场的勃勃生机。销售方面形成了"线上+线下"相结合的方式，线下主要以舞蹈用品商城和各级代理商为主，同时这些商家也可以在线上进行零售。销售渠道的拓宽，使体育舞蹈用品的产业发展更进一步，同时也说明了体育舞蹈在我国的逐渐兴盛。

三、体育舞蹈在学校的开展

1987年，体育舞蹈作为一门新兴的体育运动项目正式将体育舞蹈引进高校，成为高校体育教学内容的一部分。随后几十年来，体育舞蹈以选修课或者必修课的形式广泛存在于全国大多数高校，体育舞蹈因其独特的运动和艺术魅力，深受大学生的喜爱，在全国高校得到了最大限度的普及。

体育舞蹈在学校的开展形式一方面是以向学生传授体育舞蹈的概念、历史、种类以及健身价值等知识。旨在让学生从知识层面了解和认识体育舞蹈的理论课；另一方面是以传授学生一些主要的舞蹈动作和技巧，通过实际的体育舞蹈教学，培养学生对体育舞蹈的兴趣，让学生亲身体会体育舞蹈的魅力，以调动学生学习体育舞蹈的积极性的实践课。由于体育舞蹈极富有艺术魅力，既能锻炼身体又能陶冶情操，又有利于学生身心健康的全面发展，因此，体育舞蹈在学校的推广颇为顺利且迅速，成为校园内颇受师生欢迎的新型体育

四、体育舞蹈在发展模式上的进步

源于西方的体育舞蹈，在传入我国后的较长时间内，仍依赖于对西方体育舞蹈的学习和模仿。唯有创新才能有发展，体育舞蹈的发展如果只依靠单纯的模仿和借鉴，是走不远的。近年来，中国传统文化元素开始融入体育舞蹈，这是中国体育舞蹈在发展模式上最大的进步。中国优秀文化元素的加入为体育舞蹈注入了东方之美，将西方的体育舞蹈"中国化"是体育舞蹈发展与创新的基本方针，在这一方针下，我国的体育舞蹈事业从此打开了"体育舞蹈中西结合"的新局面。以西方体育舞蹈的基本动作为形式的表达，以中华文化内容作为情感和艺术的表达，在两者之间找到共同之处，对于不同之处进行优势互补，从舞姿、音乐、题材、主题、服饰以及道具等角度进行全面创新与编创。目前，体育舞蹈本土化已经成为业内发展体育舞蹈事业的共同目标。

第二节　小康社会体育发展中体育舞蹈项目融合力的研究

对小康社会下的我国体育舞蹈计划实施的研究必须以全面建设小康社会为战略目标，通过数据资料构建与社会实际相符的模型，并充分展示体育舞蹈促进全民健康，促进社会全面发展的作用。在彰显体育舞蹈价值的同时，为我国建设小康社会体育舞蹈项目的理论和实践提供有益的参考。

一、小康社会体育

（一）小康社会体育的本质特征

发展小康社会体育的本质和任务均是本着"以人为本"的原则而进行的，其终极目的是培养能够适应社会发展需要的全面型人才。通过培养健壮的体魄、积极的心理状态去构建人类健康的生活方式，提高人口素质，从而整体推进社会的发展和进步。身体是人之根本，个体是社会构成之根本，每个个体的健康，是实现社会健康发展的前提。人口素质是国家发展的核心竞争力，发展体育就是发展人口素质，国家越是发达，就越是重视体育事业。近年来，我国体育事业的快速发展，也说明了我国综合国力的提高。目前，体育事业已经成为我国文娱产业的新项目，是投资和消费的新方向，体育文娱产业的发展呈现出蒸蒸日上的态势。

在未来20年，小康社会体育的发展特征可以归纳为：大众性和平等性、终身性、个性化、广泛性和多样性、生产性、信息化、国际化以及科学性八个方面。

（二）小康社会体育的进程

国民乃一国之本，国民的体质与健康决定着国民的身体素质。近代史上，中国一度被称为"东亚病夫"，这一恶名至今仍在影响着我们每一个中国人。强国先强人，健康的体魄与心智是一个人生存的前提，同样也是一个国家经济发展、社会进步的动力。中国正走在伟大的复兴之路上，而要想与发达国家缩小差距，首先要从国民体质上缩小差距，这就是为什么国家一直提倡全面发展体育、全面提高人口素质的原因。现在世界体育的发展重点也在向大众体育的发展转移。

从当代中国社会的需求看，随着人们逐步迈入小康社会、对体育质量的要求也逐渐提高。对于新时期体育发展的任务和问题，我们也应转换看待体育的视角，构建新指标，形成符合我国现状的中国特色小康社会的体育体系。

这种新思路包括两个方面：一方面，将小康社会体育改革的问题放入国际背景中加以思考，充分挖掘新资源，开拓新思路。另一方面，突破传统束缚，将小康社会体育发展的问题与社会经济、文化领域的责任、挑战相结合，寻求自身发展的新规律和生长点。使小康社会体育的发展与改革更加主动适应和主动融入到战略目标中，努力构建一个充满生机活力的、符合全面建设小康社会要求的体育体系。

二、小康社会体育与体育舞蹈项目的融合

（一）体育舞蹈项目的开展已深入社会各阶层

近几年来，随着人民生活水平的提高，人们对身心健康的追求也越来越高，体育舞蹈开始成为老少皆宜的运动项目。首先，在诸多的运动项目中，体育舞蹈成为众多中老年人较为喜欢的健身项目。这一人群大部分都已经处于退休的年纪，锻炼身体成了他们日常生活的必修课。公园或者活动广场上，经常能见到他们三五成群地聚在一起，交流体育舞蹈。其次，体育舞蹈也开始广泛走进校园，成为中小学生、大学生的健身项目之一。比如在北京，拉丁舞已经作为一种特长被引进很多中小学的课堂。体育舞蹈在高校的开展则相对更

加广泛。另外，除了学校，体育舞蹈也开始进入各个社区，作为社区活动活跃于退休老年人的休闲娱乐生活之中。总之，体育舞蹈之花逐渐开遍祖国各地，到处都洋溢着一派繁荣景象。

（二）体育舞蹈竞赛活动此起彼伏，规模空前

中国体育舞蹈联合会自 1991 年成立以来，截止到 2020 年，一共举办了 29 届全国体育舞蹈锦标赛。比赛规模空前，比赛参加人数有几千人之多，这是其他运动项目所不能比拟的。而且比赛所需要的一切费用，都由参赛选手自行承担，充分体现了大众对体育舞蹈项目的高涨热情。纵观近 30 年的比赛成绩，冠军选手主要集中在东南沿海经济较为发达的地区。但是随着我国经济水平的整体提升，中西部地区的体育舞蹈水平近几年在稳步提升中，东强西弱的差距在缓慢缩小。从 20 世纪 90 年代中期开始，各级以省、市、地区为单位级别的体育舞蹈运动协会如雨后春笋般不断成立。不仅如此，越来越多的国际性体育舞蹈世界大赛开始在中国的城市举办，这些城市不仅局限于发达的东部城市，中西部城市也比较活跃。

（三）体育舞蹈项目的特征贴近大众的需要

体育舞蹈作为一种特殊的肢体语言，是人们进行情感沟通的方式之一，这种沟通方式是其他艺术形式无法替代的，对个体的身心健康有着积极的促进作用。体育舞蹈具有健身性、娱乐性、个性化以及时代性特征，它的广泛普及对我国全面建设小康社会具有不可估量的作用。

体育舞蹈的健身性，体现在它对人体健康发挥的积极作用。体育舞蹈可以有效增强人体在心肺、代谢、延缓衰老等方面的机能，还可改善中枢神经系统功能，促进人体健康。

体育舞蹈的娱乐性，体现在它对人体心理方面发挥的积极功用。体育舞蹈的音乐优美动听，在翩翩起舞之余，使人全身心投入其中，心灵得到了净化，压力也得到了缓解和释放。健康身体的同时也获得了心理的愉悦，促进心理健康。

体育舞蹈的个性化特征，体现在体育舞蹈具有积极的教育和教化作用。作为人们接受社会教育的一种途径，它集德育、智育、美育、体育于一身，凭借它的群体性、直接性、多样性、通俗性等特点，能使人们在自我娱乐中受到教育。体育舞蹈锻炼，可以促进社会主义精神文明建设，使人们在学习舞技的同时，也养成了良好的品质。

体育舞蹈的时代性特征，主要体现在体育舞蹈作为一种大众健身、娱乐项目具有一定的时代特征。与传统的、形式单一的体育锻炼不同，体育舞蹈由于没有场地、时间、体质

甚至年龄上的要求、适合任何年龄、职业的人参与，是全民都可进行的可自由掌握运动量及运动项目的新型运动方式。

（四）体育舞蹈项目的物质条件简便易行

体育舞蹈项目的开展简便易行，对于场地、设备甚至服饰等均没有太多要求和限制，大大节省了群众进行体育健身的费用。

三、预期价值

体育舞蹈的开展还具有很多价值。如进一步落实全民健身计划，进一步加强全面小康社会的体育建设。通过真实、客观的剖析，向国民普及体育舞蹈的内涵及其所具有的健身、健心功能。参加体育舞蹈活动能够增进健康，提高劳动生产力，节约医疗成本。体育舞蹈的普及与推广，为我国竞技体育舞蹈的发展与提高提供坚实的后备力量。运用利于健康的方法从事体育锻炼，可以帮助人们提高免疫力，避免非正规组织的恶意伤害。

四、结论与建议

舞蹈作为人类最古老的人体文化之一，因为有了群众的参与而显得意义非凡并有着与众不同的价值。而体育舞蹈的出现，不仅能达到健身娱乐的目的，而且能满足当代群众审美心理需求，其作为一种群众参与性极强的舞蹈形式，也反映了群众舞蹈文化发展的趋势和走向。可以说，体育舞蹈正是文明生活中群众自娱性舞蹈文化的升华，在中国，它的兴起和风靡是时代发展的必然。小康社会体育发展模式是普及率高、能够促进全民身心健康全面发展的、实用的活动方式。而体育舞蹈项目的开展正好迎合了这些要求，是建设小康社会体育进程中必不可少的项目之一。

我国体育舞蹈的发展建设应着重考虑以下问题：（1）体育舞蹈应列入大、中、小学体育教材，中小学宜开展集体舞与拉丁舞，大专院校可全面开展体育舞蹈活动；（2）狠抓宣传工作：各类学校及体育主管部门应利用广播电视、报刊等宣传窗口，对开展群众性体育舞蹈活动进行广泛宣传和报道，让人们了解体育舞蹈是"全民健身计划"中的一个重要内容；（3）规范组织与指导：有关部门应有目的、有计划地举办不同形式、多种多样的比赛和培训班，安排社会指导员对群众进行指导，促使人们参加有益身心的体育舞蹈运动。

第三节　我国体育舞蹈发展中的生态缺陷

一、竞技比赛方面

(一)东强西弱

我国体育舞蹈的发展虽在一定程度上取得了不错的成绩，但整体而言，与英美等国相比仍存在不小的差距。例如我国首批职业舞者在世界拉丁舞的最好成绩也仅为第十五名。尽管后期发展中由我国体育舞蹈协会适时开展相应的舞蹈竞赛活动，但从近年来竞赛冠军看，约为80%的冠军依然集中在上海、广东、浙江等东部沿海较为发达的地区，整体表现为东强西弱。

(二)项目发展经费短缺

体育舞蹈项目之所以存在资金短缺的现象，是因为国家对体育舞蹈项目重视程度还不够。相当长的一段时间里，国家一直都在扶持奥运重点项目，并给予这些重头项目以充足的资金支持，如此一来，用在体育舞蹈项目的资金支持必然会短缺。另外，现阶段我国尚处于社会主义的初级阶段，人们的收入水平尚无法支撑其花大量的金钱在昂贵的体育舞蹈设备和服饰上。此外，体育舞蹈运动水平的普及和提高，在很大程度上有赖于运动场馆、音响、照明、服饰等基础条件的完备，而我国目前尚缺少用于体育舞蹈训练比赛的专用场馆。因此，增加相关经费以加强体育舞蹈的基础建设为当务之急。

(三)体育舞蹈体制改革的力度和宣传力度不够大

我国体育舞蹈在发展中因长期受计划经济体制影响，仍表现出明显的计划管理模式特征，与体育舞蹈实际体现的活跃性、开发性等特征相背离，使体育舞蹈发展受到一定的制约。同时，我国对体育舞蹈及相关比赛的宣传尚不够重视。特别是由于无法受到新闻媒介的认可与重视，职业舞者及教练受到了不小的打击，也阻碍了体育舞蹈的顺利发展。

(四)参加体育舞蹈训练的人员稀少，高水平教练匮乏，科研落后

目前我国的体育舞蹈还不是一项职业运动，从事该项活动的人通常为对体育舞蹈有爱好的人。而体育舞蹈俱乐部收费较高，大多数人难以负担高昂的场地费用，因此参加该项活动训练的人也越来越少。同时，我国除北京开设了专业的体育舞蹈班可招收学员外，尚

不具备成热的班级体系，加之专业教练非常少，导致我团体育舞蹈的水平在很长一段时间内都受到限制。

作为一门综合艺术，体育舞蹈集多种体育运功于一体，又包含多种学科知识。它的舞种起源和发展是与起源地民族的政治、经济文化、地理环境、风俗等息息相关的，我们只有深刻地研究，挖掘它的内涵，才能真正认识体育舞蹈的精髓所在，才能准确地表现每一个舞种的特点，充分展示这一外来艺术感人的风貌。体育舞蹈引入我国已有 20 多年，但对体育舞蹈的科学研究却还停留在初级阶段，科研的落后致使我国体育舞蹈运动的开展缺乏理论上的指导，总体水平无法得到提高。

二、市场、教育、创新发展方面

（一）潜在市场庞大，但主体发育不成熟，市场运作落后

主体发育不成熟，市场运作落后给体育舞蹈的教学培训、应用推广、比赛管理、专业研究等带来了一系列问题，如相关机构不配套，各地区发展水平不平衡，专业化科研机构不健全等。体育舞蹈尚未完全进入奥运会和全运会的正轨道，尚属群众比赛项目，在我国，并未对此项体育活动投入足够的资金，这就极大地影响了体育舞蹈在我国大面积的开展，影响了体育舞蹈专业队伍的建设及专业人才的培养，所以体育舞蹈的专业水平很难得到显著提高。因此，对体育舞蹈加大资金投入很关键，我们要建立专业的培训基地，在运动场馆、音响、服装、照明等基础设施上加大投入，同时加大人才选拔力度，聘请优秀的专业人才对学员进行指导训练，只有这样，我们才能真正建立起自己的专业队伍，为体育舞蹈储备优秀人才。

（二）缺少自己的体育舞蹈理论体系

缺少系统化、专业化较强的权威性体育舞蹈专著，特别是切合我国国情（体育舞蹈与中国元素融合）的体育舞蹈改革方面的论著。我国关于体育舞蹈的研究大概始于 20 世纪 60 年代，体育舞蹈研究仅有不到 60 年的历程，比起国外几百年的研究历史，明显落后，研究领域也仅限于体育舞蹈的健身功效，基本的动作编排、体育舞蹈教学等方面并未形成完整的理论体系，缺乏创新和对体育舞蹈的研究。另外，体育舞蹈专业研究人才数目也不足，虽然随着体育舞蹈在我国的发展，体育舞蹈的理论著作和论文研究在数目上增加了不少，但以引入借鉴为主，能提出具有开创价值的研究理论的研究人才并不多，况且其理论研究内容贫乏又缺少专业度，随意性较强，缺乏科学论证，因此，在指导实践的过程中难

免发生争执，未能达到很好的指导效果。

（三）体育舞蹈在各级院校之间的开展面依然狭窄

近年来，体育舞蹈在高校的推广取得了一定的成绩，但同时也面临着一些棘手的难题。尤其是在一些经济相对落后的城市，体育舞蹈在学校的普及过程中面临着师资匮乏、场地有限、条件不够等多重困难，致使这一类学校的体育舞蹈普及率偏低，出现了发展不均衡的局面。而有一些学校则对体育舞蹈的客观认知比较匮乏，对体育舞蹈的健身价值认识不足，体育舞蹈活动的组织及参与形式都比较单调，缺乏专业性的指导和训练，这一系列问题都是体育舞蹈在学校普及的制约因素。

事实上，在很多西方国家，体育舞蹈课程早已活跃在中小学的校园里。而我国体育舞蹈的活动开展目前主要是在高校。因为高校的水平存在差异，本科院校和大专院校体育舞蹈的招生也存在一定的问题。相对来说，一方面是体育舞蹈的受众群体较少，就业面比较狭窄，导致很多学生从心理上不愿意报考体育舞蹈专业；另一方面是社会对体育舞蹈的认知比较缺乏，没有认知就没有认同，这就导致体育舞蹈专业的报考出现了男女比例失调的情况，男少女多成为很多体育舞蹈专业的痛点，不仅不利于正常教学的开展，同时也极大地限制了对我国体育舞蹈后备人才的培养。

（四）中国式体育舞蹈创编融入不协调

中国式体育舞蹈的动作创编，过多注重了外在的"形似"，忽略了内在的"神似"。我们应从作品主题内容的深层内涵出发去创编动作，表现作品的审美，只有神形兼备，才能将表情、眼神等与动作协调统一。来自西方的体育舞蹈具有竞技性、运动性和外向性等特点，因此视觉感受是直白、热情和奔放。中国民族舞则内敛含蓄、优雅从容，创编中应注意二者的相融性和相斥性。例如，民族音乐元素的融入，舞种特点与音乐节奏的契合也还存在不协调的情况。民族音乐的选择多为现成的照搬借用，应提倡原创，可采用大型民族交响乐，效果肯定会大大增强。

第五章　体育舞蹈的创编研究

第一节　当今中国舞蹈创作的趋势

我国是多民族国家，假设每个民族都有一种属于自己的民族舞蹈，那么我们就会有56种民族舞蹈；加之我国历史悠久，在历史文化长河中，有多少民族舞蹈诞生、发展并流传至今，我们难以统计。现在能看到的是，我们今天的舞蹈文化依然绚丽多姿，在新的时代绽放着别样的光彩。近年来，随着国际文化的不断交流，西方舞蹈艺术的不断引进以及现代舞蹈技术的不断提升，我国舞蹈文化的发展可谓日新月异。无论是编舞技法、舞蹈题材、舞蹈观念还是舞蹈演员的表演水平都有着不同程度的进步和提高。整体来讲，我国的舞蹈创作开始呈现出多样化、现代化、个性化、多元化、民族化、科技化、国际化的发展趋势。

一、民族化与现代化的融合

随着世界的多元化发展和民族文化的不断融合，地域层面的文化圈在逐渐缩小，全球文化开始逐渐形成。民族的就是世界的，已经成为世人的共识。尤其对于艺术来说，更无国界之别，任何一个民族的艺术形式都可以成为另一种艺术的灵感和创作来源。人的意识是相通的，人类创造的艺术活动自然也是相通的，这就为艺术的民族化融合提供了无限可能。对于舞蹈艺术来说更是如此，因为舞蹈是人体的运动艺术，全世界的人类在最初没有语言和文字的时候，都是通过肢体语言进行交流和表达的，肢体语言是人类的共同语言。所以即使我们不懂一个国家的语言，但是却能对他们的舞蹈产生一定的理解。2001年，中国舞蹈团赴美国演出，前后共去了14个城市进行了21场精彩的演出，在未做广泛宣传的情况下，几乎是场场爆满，观众络绎不绝，媒体好评连连，这次赴美演出获得了空前的成功。对于那些第一次欣赏到中国舞蹈的美国民众来说，可谓大饱眼福，这不仅说明了中国舞蹈的魅力，同时也说明了舞蹈确实无国界之分。

现代舞蹈的创作，不仅要研究本民族和本舞种的舞蹈语汇，同时也要根据现代舞蹈的审美要求和特点，科学、合理地编创出新的舞蹈语汇，从而应用于舞蹈动作的编创。民族化与现代化的结合，绝不仅仅是形式和技术上的简单组合。

近几年涌现出许多脍炙人口的舞蹈作品，单单是春节晚会中的优秀舞蹈作品就不胜枚举，2005 年中央电视台春节晚会中的《千手观音》、2006 年的《俏夕阳》、2008 年的《飞天》、2012 年的《雀之恋》以及 2020 年河南卫视春节晚会中的《唐宫夜宴》都是深受观众喜爱的舞蹈。尤其是 2020 年河南卫视春节晚会的《唐宫夜宴》，这支舞蹈由郑州市歌舞剧院创作，是现代化和民族化的完美结合。"仕女们"好像从古画里走出来一样，背景从仕女画到泼墨山水到最后舞台上平地起宫墙，效果惊艳，编创者运用"5G+AR"的技术，让虚拟场景和现实舞台结合，制造出了一种博物馆奇妙夜的感觉，舞台画面还呈现了"国宝、国风、国潮"三种宝贵的文物艺术品。这支舞蹈最大的成功之处就是深受年轻人的喜欢，说明当下中国的年轻人不是不喜欢传统文化，而是呈现的方式要足够符合年轻人的审美需要。《唐宫夜宴》中体态圆润、丰腴的乐舞俑们俏皮可爱、形象诙谐幽默，打破了传统舞蹈在观众心中唯美、抒情的固有印象。这种既幽默又唯美的表现形式深受年轻人的喜爱，同时多媒体技术的运用，也更加验证了舞蹈的创作方向要坚持民族化和现代化结合的路子是正确的。

舞蹈的现代化特征主要表现在具象维度和抽象维度上发生的变化。从具象维度方面来讲，首先是舞蹈语汇发生了变化，在传统舞蹈语汇中，舞蹈的审美主要体现在匀称和平衡，而民族舞蹈的现代化发展则打破了这种建构；其次是舞蹈人物形象的塑造方向发生了变化，更追求个性的表达；最后是舞蹈的表现手法和技术变得多种多样。从抽象维度方面来看，舞蹈的现代化创作在创作理念、价值追求等方面发生了明显变化。现代舞蹈的创编彻底打破了过去传统舞蹈所追求的"平衡与稳重"，在创作上更加灵活多样，创作手法不拘一格；对于舞蹈思想和价值的表达，现代化舞蹈的创作开始追求个人价值的体现，并开始注重观众的审美需要，而不是过去传统舞蹈所追求的"自我满足"和"自我表达"。

现代化发展是民族民间舞蹈发展的必然趋势，但同时保持民间舞蹈的民族性也是发展民间舞蹈的根本。所谓的现代化也可以理解为是对时代的适应，自古至今，任何一种文化艺术形式的发展都离不开时代的"推波助澜"，舞蹈的民族化和现代化，相对应的就是新事物取代旧事物的发展过程。但是旧事物从未真正消失过，而是以更适合时代的方式继续存在着。舞蹈的民族化发展与现代化适应并不矛盾，而是以相生相伴的关系共同维持着舞蹈文化的发展。民族化和现代化，一直贯穿在人类文化发展的历史长河中，更迭发展。舞蹈文化同样也是如此。

二、舞蹈创作更注重文化内涵

舞蹈是人体进行有规律、有节奏的动作而形成的具有艺术特性的肢体语言。既然是语言，那就有沟通和交流的作用。舞蹈通过音乐、舞姿和面部表情等元素进行情感的表达和艺术的展现，在不断的舞蹈实践和情感表达中逐渐形成了形式、心理和思想上的综合产物——舞蹈文化。中国舞蹈文化历史悠久，在上下几千年的历史更迭中，舞蹈积淀了丰富的文化内涵。尤其是中国传统舞蹈文化底蕴颇为深厚，中国的传统思想和人文理念都深深地影响着舞蹈的呈现方式和表运方式。舞蹈的现代化创作越来越突出文化内涵，这也是舞蹈民族化发展的主要内容，具有极其重要的意义。

民族文化内涵通过舞蹈形式和舞蹈精神进行传达，同时也表现为民族精神和民族文化的传承。近年来，随着文化自信这一概念的提出和发展，舞蹈编导们开始注重舞蹈文化内涵的输入，积极学习文化内涵的概念和意义，并从现实生活出发，为舞蹈的创作注入活力。现代舞蹈的创作对文化内涵的追求主要体现为对民族文化的传达和对个体思想观念、情感的表达，并尝试在舞蹈中探寻生命的本质意义。同时，文化内涵的赋予以及舞蹈审美观的转变深化了舞蹈作品的主题，丰富了舞蹈的表现内容，拓宽了舞蹈艺术形式上的空间表达。

比如，现代舞蹈的创作开始从文学作品中获得灵感和题材，将文学作品中已经成熟的人物关系和思想主题，通过舞蹈的形式再次刻画和体现为人与社会、人与人、人与自然之间的种种冲突和矛盾。代表作品有芭蕾舞剧《祝福》，舞剧《繁漪》《鸣凤之死》等经典文学舞蹈作品。这些舞蹈作品均取材于文学名著，创作者通过舞蹈的表现手法再现和升华这些文学作品的文化内涵。总而言之，现代舞蹈对文化内涵的追求是我国舞蹈现代化创作的主要趋势，这是舞蹈发展的需要，同时也是我国民族文化发展的需要。

三、舞蹈创作趋向个性化

舞蹈创作个性化发展的趋势，是舞蹈发展的必然趋势，更是我国社会进步的必然结果。正如美国好莱坞的电影，同样也经历了从共性到个性的发展历程，文化艺术的高度发达体现在对个性的强烈关注和表达上。近年来，很多舞蹈编导开始关注个性化的表达，舞蹈主题思想的表达开始从"大而广"转向"小而精"，更多的关注点开始投向个性的展示和表达。

对个性化的追求，首先表现为舞蹈编导和舞蹈演员的关系发生了改变。过去，舞蹈演员传达和表现的是编导的思想和意志，舞蹈演员只作为舞蹈艺术的输出载体，如今，越来越多的年轻舞蹈演员开始自编自演，对个性表达的诉求越来越强烈。其次表现为社会大众的"个性化需要"。从20世纪在台湾流行的"歌伴舞"开始，到后来各种电视晚会、综艺晚会的兴起，再到民间广场舞文化的形成，以及因企业发展和文化的需要而成立的个体歌舞团或者艺术团，等等，无一不是大众"个性化需要"的产物，这一系列舞蹈形式，又在不断推动着舞蹈文化的广泛发展，可以说，舞蹈创作的个性化追求，在一定意义上推动了舞蹈在社会大众的广泛传播，促进了舞蹈在民间的繁荣发展，同时也激发了大众对舞蹈的创作潜力。例如，由广东珠海汉胜艺术团创演的舞蹈就多次在央视舞蹈大赛和全国舞蹈大赛中屡获嘉奖。这个艺术团是由一家民营企业创作，而舞蹈则是他们企业文化的主打文化，该企业深谙舞蹈作为人体艺术的本质意义，它不仅能激发人的创造力，也能在一定程度上实现个性的自由。

四、舞蹈创作趋向科技化

舞蹈创作的科技化是舞蹈发展的必然趋势。比如，计算机目前已经广泛应用于许多领域，节约了时间和人力上的成本，工作效率得到了空前的提高。计算机在音乐、电影、绘画、雕塑、建筑等艺术科学领域的应用，为舞蹈创作的科技化趋势提供了无限可能。综合体现在计算机编舞、远程舞蹈教学与传播、网络模拟训练以及新媒体技术方面的科技化发展，尤其是新媒体技术的应用，使舞蹈的舞台表演效果、传播效果都得到了空前的发展。舞蹈艺术的发展越来越依赖于新媒体技术，二者共同产生的审美效应改变了舞蹈艺术的表演形式和表达方式，呈现出跨界性、虚拟性和多媒体性特征。除了利用先进的计算机声控技术进行编舞，科技运用最为明显的就是舞台技术，舞台技术从先前单纯的辅助表演，演变为今天的参与表演，都得益于高科技的应用。可以说，现代科技对舞蹈技术的渗透是全方位的，从舞台灯光、音响、置景到演员的服饰、道具都注入了先进的科技元素。比如，自发光材料在服装上的运用，可以通过与灯光设备的配合，实现颜色的变换，增强了舞蹈的艺术感染力和舞台表现力。除此之外，还可以利用仿真技术和数字技术对舞者形象进行虚拟还原和再现，实现"虚拟舞蹈"的表现形式。目前随着这一技术的成熟，很多舞蹈作品中开始广泛应用这项技术。可以说，高科技的应用促进了舞蹈形式的多元化发展。

五、舞蹈创作趋向国际化

舞蹈创作的国际化发展同样也是舞蹈发展的必然趋势。随着各国之间文化交流的不断加强，全球的文化圈正在不断缩小，舞蹈艺术要想向多元化发展，那么就要积极学习和借鉴各国不同的舞蹈文化，为本民族的舞蹈文化注入新鲜的血液，一来可以丰富本民族舞蹈的表现形式，二来可以促进本民族舞蹈更加广泛地传播。新时代舞蹈的创作，要紧跟国际潮流，适应时代发展，学习先进的舞蹈艺术语言，丰富创作的题材，深化作品的立意，从实际生活出发，综合民族特征和时代需要等各方面要素全面发展舞蹈艺术，这是舞蹈艺术国际化发展的一贯路径。但是如果把握不好其中的分寸，那就将变得不伦不类了，这里我们以张艺谋导演的民族芭蕾舞剧《大红灯笼高高挂》为例进行说明。

芭蕾舞剧《大红灯笼高高挂》，于2001年正式面向广大观众，在北京的演出曾经一票难求。但在上海的演出却不理想，上海观众认为这场所谓的芭蕾舞剧不过是"穿着旗袍跳芭蕾"，是京剧、话剧、芭蕾舞、民族舞、现代舞的"大杂烩"，根本就登不上大雅之堂；不仅是上海观众，很多业内专家也不看好，认为张艺谋导演一味追求新颖独特，忽略了舞蹈艺术本身的一致性和连贯性，众说纷纭，总之《大红灯笼高高挂》在当时可谓是毁誉参半。客观地讲，张艺谋的这部舞蹈作品，也有可圈可点之处，他开创了舞蹈中西结合创新发展的先河，在故事的结构和组织上符合他作为一个电影导演的编导水平；但是我们也不能否认，张艺谋在舞蹈方面存在着认知上的欠缺，该舞蹈虽然叫芭蕾舞剧，实际上剧中芭蕾舞的成分比较少，足尖动作非常少，肢体语言更是微乎其微，芭蕾舞的艺术性没有得以相应的体现；其次就是表现手法不够好，虚实关系处理得比较杂乱，人物形象及作品内涵都不够鲜明。但这些都不能否认他在中西结合上做出的勇敢尝试，不管这部作品是否成功，它都为舞蹈的发展打开了一个新的思路。

舞蹈创作的国际化学习切忌生搬硬套，不能只停留于西方舞蹈形式上的简单模仿，更不能挂羊头卖狗肉，真正的舞蹈创作一定是对生活的高度提炼和升华，而这需要编导有大量的生活经验、丰富的舞蹈学知识以及对艺术的高度敏感，在此基础上才能进行科学、合理、艺术的舞蹈创作活动。在进行舞蹈创作时，我们要以本土舞蹈为根本，对于其他国家和民族的舞蹈，我们可以根据艺术需要进行适当的借鉴，而不是盲目崇拜。在舞蹈的创作过程中，编导要时刻以观众的需求作为基本创作原则。

第二节 新时期体育舞蹈的创编思路

从舞蹈的角度来说，体育舞蹈是人体"美"的表达。不同于其他艺术形式，这种美体现为肢体语言的美，有着特殊的社会功能和审美价值。体育舞蹈作为舞蹈种类的一种，通过肢体动作来表达内心的情感，它比音乐艺术更加形象，比美术艺术更加直观，身体随心而动，情感的表达真实而自然。从这个意义来讲，舞蹈是表达和宣泄内心情感最好的方式。

眼下，神州大地正在经历翻天覆地的变化，千百年来，中国人从来没有像今天这样富足安宁。随着东部城市的兴盛，中部城市的崛起，西部城市的开发，精准扶贫的全面覆盖，全国上下形势一片大好，老百姓过上了红红火火的日子。在这样的时代背景下，人们的表达欲望表现得异常强烈，从舞蹈、音乐到美术作品，无不反映着人们对新生活的满足和热爱之情。可以说，经济的发展带来了文化的兴盛。这些年来，舞蹈界人才辈出，优秀作品大量涌现，在各种大型文艺晚会和舞蹈类综艺节目中，优秀舞蹈节目层出不穷，这些舞蹈节目取材广泛，立意深刻，风格形式丰富多样，情感表达真切到位，获得了大众的广泛好评。

如今的中国早已今非昔比，经济的快速发展、互联网技术的全面提升，促进着人们的物质生活和精神生活不断向前发展，人们的生活方式和生产水平都发生了深刻的变化，这一切都让我国文化艺术事业的发展进入了空前活跃期。在这一时期，体育舞蹈已经由舶来品逐渐演变为我国精神文明的一部分，是我国体育事业的重要组成部分，具有了宏大的意义。在这样的时代发展要求下，体育舞蹈的编创工作也面临着前所未有的挑战，就需要我们对体育舞蹈的编创思路进行多方面的拓展和研究，这对我国体育舞蹈事业的发展至关重要。

从本质而言，舞蹈是一种通过有组织和有规律的肢体动作传情达意的大众艺术形式，具有广泛的群众性。体育舞蹈的编创自然也是建立在舞蹈本质基础上的，首先需要掌握体育舞蹈编创的基本思路和方向，充分把握体育舞蹈的表现手段，并在此基础上进行多种艺术元素的植入，以充分展现体育舞蹈的魅力，同时在不断的实践经验中总结好的创作思路和方法，在这样的条件下，才能诞生好的体育舞蹈作品。

一、观察体悟生活，了解熟悉生活

生活是一切艺术创作的基础，艺术来源于生活，并服务于生活。而仔细观察生活、体悟生活是艺术创作的前提，尤其对于舞蹈艺术更是如此。在没有语言、文字等交流表达工具的原始社会，肢体语言是人类唯一的交流和沟通工具，肢体动作全部来自大量的日常生活经验积累。现代体育舞蹈的创作依然离不开生活，舞蹈创作者必须深入生活，对生活进行高度的提炼和总结，寻找典型素材，并对其进行深刻表达，如此才能创作出深入人心的优秀舞蹈作品。下面以艺术家孙红木的作品《养蜂的小妞》为例进行具体的说明。

《养蜂的小妞》是取材于生活的优秀舞蹈作品。在该作品的创作过程中，艺术家孙红木切身深入了养蜂人的生活。对于我们没有养过蜜蜂的人来说，我们甚至无法将舞蹈与养蜂工作联系到一起，如何塑造舞蹈形象，如何表达养蜂人与蜜蜂之间的情感，都是创作上的难题。孙红木深入养蜂人的生活，发现在花丛中飞来舞去的小蜜蜂，其形象非常鲜明，聪明可爱、勤劳勇敢、勇于奉献；而身为养蜂人，常年奔波寻蜜，他们也像蜜蜂一样勤劳无畏，养蜂人和蜜蜂都同样值得歌颂，舞蹈形象就这样产生了。那么该如何用舞蹈的形式去刻画养蜂人与蜜蜂之间的情感关系呢？孙红木又通过细致的观察，发现养蜂人与蜜蜂之间有着相互依赖、相互信任的特殊关系，他们的内心世界在他们"动态"的劳作中得以淋漓尽致地表达。这种表达也正是舞蹈的灵魂所在，通过舞蹈形象的塑造，将养蜂人和蜜蜂的甜蜜、快乐的心情体现在舞蹈动作之中，化静为动，化零为整。让人物的思想和情感在舞蹈动作中得以升华和表达，而不是单纯地模仿养蜂人和蜜蜂的劳动动作或者场面。舞蹈的终极目标就是要传情，情感要始终贯穿在舞蹈之中，体育舞蹈的创编同样要遵循这样的思路。

舞蹈形象的塑造和舞蹈动作的呈现最终离不开丰富的想象力。在《养蜂的小妞》的具体创作过程中，创作者运用了丰富的想象力对舞蹈形象进行了适度的夸张，从而使作品极富有表现力，这一点同样还是基于生活而展开的。创作者联想到生活中养蜂人身上总是沾满了蜂蜜，蜜蜂自然就要寻蜜而来，于是就产生了追逐、嬉戏的画面感，进而演绎为舞蹈动作，通过这种方式来体现人与蜂之间的情感交流，活泼可爱的舞蹈动作，形神兼备的舞蹈形象，都能表现出养蜂小妞可爱活泼的一面。《养蜂的小妞》塑造了生动的舞蹈形象，通过表现养蜂人与蜂的"日常工作"，升华了养蜂人与蜂的情感关系，令人印象深刻。

舞蹈具有社会性，是对现实生活的高级表达。不论是哪个时代的舞蹈，它所反映的都是那个时代下人们的生活。在当今高速发展的时代，每个人都是这个时代的弄潮儿，我们置身于这个时代，熟悉这个时代。因此，我们在进行舞蹈创编时，除了要取材于个体生活，还要注意取材于时代生活，我们的选材要符合时代特征，紧扣社会热点，如此才能展现当下的社会风貌，促进社会和谐发展。下面以2020年中央电视台春节晚会的舞蹈节目《一带一路嘉年华》为例进行说明。

《一带一路嘉年华》是由俄罗斯莫伊谢耶夫学院舞蹈团、喀麦隆阿蓓舞团、阿塞拜疆国立学院舞蹈团、印度《泰姬快车》舞蹈团以及吉林市歌舞团共同出演的一组舞蹈节目。该舞蹈紧扣"一带一路"的时代主题，通过俄罗斯、印度、喀麦隆等国家不同风格舞蹈的展示，来表达我国"一带一路"方针的战略思想和东方大国包容宽厚的胸襟。这几个国家的舞蹈都具有鲜明的特色，但也都有一个共同的特点——热情奔放，这一舞蹈情感的表达象征着他国对"一带一路"的欢迎和接纳；同时来自不同国家的舞蹈演员在同一个舞台上演出不同风格的舞蹈，形象地表达了"一带一路"的包容思想，以及对打造利益共同体、责任共同体和命运共同体的决心。诸如此类的舞蹈就是紧扣时代热点的典型，容易引起观众的共鸣。

体育舞蹈的创编同样离不开对生活的观察，不管是体育舞蹈的编导还是体育舞蹈演员，只有熟悉生活才能更好地表达舞蹈所要传递的思想情感。尤其是体育舞蹈的创编一定要具有时代特征，与时俱进。

二、歌颂崇高品格，富于时代精神

歌颂崇高品格，是针对舞蹈的立意而言。优秀的舞蹈作品通常都具有深刻而积极的立意：通过舞蹈形象的塑造，歌颂人物高尚的道德品格，表达崇高的精神思想和积极的情感。有一些舞蹈作品之所以能成为经典，主要是因为其立意永不过时，这一类作品塑造的人物形象往往具有英雄主义色彩，舞蹈的内容和形式符合观众的审美需要。优秀的作品可以洗涤人的心灵，净化人的灵魂，发人深省，甚至改变一个人的精神取向。舞蹈艺术的主题定位，首先是精神上的体现，其次是美学上的表达，立意深刻的舞蹈能起到一定的教化作用。体育舞蹈的创编同样要有积极向上的立意取向。

以传统舞蹈《闪闪的红星》为例说明。该舞蹈对主人公的塑造具有一定的英雄主义色彩，尤其是在潘冬子母亲英勇牺牲的这一舞段表现得尤为深刻。细腻的环境刻画：舞台上尽是红色灯光，激昂悲亢的音乐下，潘冬子的母亲岿然不动地挺立于熊熊烈火之中，潘东子一句无声胜有声的"妈妈"，一下子就击碎了观众的心，人物的心理描写通过环境的刻画而显得意犹未尽，带给观众强烈的心理震撼，成功引起了大家的共情。

体育舞蹈中的《茉莉花》，该舞蹈的主题非常鲜明，歌颂中国传统文化艺术的魅力，展现中国江南女子的柔美和温婉。只见舞台之上，舞者身着华美的中国传统风韵服饰，将美丽无比的茉莉花化作了舞步，在舞池中央竞相绽放，加上中国传统音乐的娓娓道来，瞬间就把观众带到了富有诗情画意的江南水乡之中，观众陶醉其中，似乎嗅到了茉莉花的芬芳，并在这无尽的芬芳之中，感受着中国传统民族文化的魅力和中华民族的特质。可以说《茉莉花》是非常成功的体育舞蹈作品，"中国化"的体育舞蹈，让世界人民从一个新的角度认识了中国。

《敦煌彩塑》也是这方面的典型代表作品，该舞蹈的创作灵感来源于敦煌石窟壁画。与其他舞蹈不同的是，《敦煌彩塑》并没有直接歌颂英雄主义和高尚的精神品格，而是通过舞蹈使壁画中的"飞天舞女"活了起来，塑造了健康美丽、端庄恬静的少女形象，并通过舞蹈动作的进一步刻画，间接表达了东方少女和东方文化的魅力，令人过目难忘。该舞蹈一方面将人与文化结合在一起，通过舞蹈造型、舞蹈音乐、舞台灯光等多方位的表现形式，将敦煌壁画中的历史文化元素表现得淋漓尽致，歌颂了中国伟大的历史文明和优秀的传统文化，激发了人们的爱国情怀和民族自豪感；另一方面通过舞蹈形象的塑造和优美的舞蹈动作，展现了东方女性的美，刻画了只属于东方女性的独特魅力，令人赏心悦目。

诸如此类的优秀作品还有很多，这些舞蹈或许主题不一样、形式不同，但是它们都有一个共同点，那就是立意深刻，表达的思想情感积极向上，符合人们的审美观、价值观和世界观。当然，优秀的舞蹈作品不仅要有深刻的立意，同时还要符合时代特征。

舞蹈的时代精神，体现在舞蹈形式、舞蹈内容、舞蹈主题和风格要符合时代特征。每一个时代都是自己的文化特征，舞蹈文化同样不例外，时代是所有艺术形式的生存空间，任何脱离于时代的艺术形式都不会走远。民族民间舞蹈之所以能在我国千古流传，其根本原因在于民间舞蹈在发展过程中一直不断地"与时俱进"，紧跟时代步伐，不断创新发展，满足着人们不断变化的审美需求。纵观体育舞蹈的发展，每一次质的飞跃都是它适应时代发展的结果。

弘扬民族文化的同时还要反映时代主旋律。传统民族文化的发展只有紧随时代的发展，才能有自己独立的生存空间。这就对舞蹈编创者提出了更高的要求，舞蹈作品的创作既要有深刻的立意，同时还要适应时代的发展。从我国传统文化中汲取营养，丰富创作内容，是我国体育舞蹈编创的方向之一。体育舞蹈在中国落地生根，就要展现中国人的精气神和中国人的民族文化，唯有如此，中国的体育舞蹈才能在世界舞台上绽放不同的光彩，而这种不同的光彩正是我们要向世界传达的中华民族精神。

每一个时代都有自己的精华和糟粕之处，我们这里所要弘扬的"时代精神"，必然是积极健康的精神。精神是人类进步的种子，有什么样的种子就会结出什么样的果实。积极向上的精神力量能够催人奋进，使人充满激情和力量，还可激发人的想象力和创造力，创造美好的生活。在这里不得不提的是，有些人将"时尚"等同于"时代精神"，这显然是荒谬的，两者有着本质上的区别，不同的人对"时尚"的理解不同，时尚包括的内容反映在社会的方方面面，有些时尚是高雅、奢华的，但是通常并不能代表一个时代的精神，有些时尚是观念上的推陈出新或者是落后颓废，至于它是否符合时代特点，尚有待论证。在当前为数不少的舞蹈作品中，有些作品只为了追求所谓的"时尚"而脱离了实际生活。

目前，世界体育舞蹈的形式都在朝着多元化方向发展。纵观全世界，我们处于同一时空之中，不管是哪个国家的体育舞蹈，抛开自身的文化特点不谈，其时代特征是全球体育舞蹈的共同特征。这种时代特征是全球体育舞蹈文化共享的，同时也是能被来自不同国家和民族的观众所理解的。随着时代的发展，人们的思想意识和审美观念也随着时代的发展而不断变化，体育舞蹈如果不能与时俱进，那么就很难和观众形成良性互动，难以让观众在舞蹈欣赏中获得情感上的满足和审美上的体验。

此外，随着互联网技术的发展，体育舞蹈的艺术创编要充分利用互联网和新媒体技术的优势，进行不断的创新和整合，研究合适的方法使体育舞蹈创编融入更多的现代科技因素。除了演员自身的表演水平外，现场的舞台效果和音响效果也是影响体育舞蹈艺术表现力的因素，利用现代科技手段，可以实现舞蹈效果的"高端表达"，呈现出不同的艺术效果，使体育舞蹈更加具有感染力，从而带给观众全方位的视听盛宴。

三、亲近大众，满足大众

（一）体育舞蹈的表现手法应符合大众审美

体育舞蹈源于欧洲，这就决定了体育舞蹈的审美属性是基于西方审美的。东西方在审美取向和审美习惯上有着很大的不同。西方人注重理性思维，他们追求个人的自由，人权至上；而中国人的思维相对感性，追求的是"物我合一"，中庸之道。所以，中西方思想的不同在舞蹈方面也有着天壤之别。西方的体育舞蹈热情奔放，我国的传统舞蹈则内敛含蓄，这也是体育舞蹈最初传入我国时不为国人所接受的原因。但是随着改革开放的不断深入，我国人民的思想意识和审美观念都发生了很大的变化，体育舞蹈自此才开始进入高速发展阶段，我国大众的审美观念开始与国际接轨，这就进一步为体育舞蹈在我国的深度发展提供了肥沃的土壤。新时期体育舞蹈的创编，其表现手法要符合大众审美趣味，深受大众的喜欢，这就要求体育舞蹈编创者在编创的过程中要掌握好尺度，既要考虑体育舞蹈作品的专业艺术性特点，也要注意避免体育舞蹈作品过于追求艺术化，同时还要注意不能过于通俗化。对艺术化的过度追求容易造成大众审美障碍，导致曲高和寡，大众从中难以享受到美，得不到应有的审美满足；而过于通俗化，就会造成艺术性的缺失，不管是过于艺术化还是过于通俗化，都不能正常发挥体育舞蹈应有的社会功能，最终影响新时期体育舞蹈艺术的生存和发展。所以，在体育舞蹈的编创工作中，要注意拿捏好雅与俗的尺度，把握好这两者之间的关系，做到雅俗共赏，唯有如此才能创作出符合大众审美的舞蹈作品。

（二）体育舞蹈的情感表达要满足大众的情感需要

体育舞蹈的本质是抒发情感。体育舞蹈的编创过程，其实就是在寻求一种能够充分表达情感的舞蹈创作过程，从舞蹈动作、音乐节奏、舞者表情等方面进行充分的情感表达。尤其是在现在这个新时期，经济水平在快速增长的同时也伴随着很多问题，人们的生活节奏快而紧张，身体和心理健康情况不容乐观，整个社会就像一个高速旋转的陀螺，人们疲于奔波，而疏于情感的表达和对生活的享受。这就要求体育舞蹈在新时期的创作要注重情感的表达，通过对舞蹈语言的深入刻画来表现人物的内心情感和精神世界，最好的情感表达是能引起观众的共情和共鸣。如此，观众在欣赏体育舞蹈时才能得到身心的放松和愉悦。

在 2018 年 WDSF 体育舞蹈锦标赛中，由武汉体育舞蹈艺术学校出演的《穿越》就是一部优秀的体育舞蹈作品。该舞蹈作品通过具有年代感的音乐和生动的肢体语言将观众带到了过去，在音乐和舞步的流动中，观众随着舞者一起穿越到过去，再现了拉丁舞的发展历程。通过熟悉的旋律，回顾经典拉丁舞作品的缔造时刻，从 Alemena 到 Aida 到 Slip Door……人们不仅享受了一场盛大的视听盛宴，还在这一过程中抒发了对旧时光的留恋和怀念之情，人们从中得到了美的享受和情感的抒发。

四、积累专业素材，全面提高专业修养

（一）多看多学舞蹈语汇

作为一名优秀的体育舞蹈编创者要通过不断的学习积累丰富的体育舞蹈语言，以充实自己的创作素材库。充分了解、熟悉体育舞蹈动作，多了解多分析各类大型比赛中的优秀作品中的舞蹈动作，同时也要多从生活中借鉴人们进行劳动生产时的习惯性动作，并对其进行有规律、有节奏的分析和总结，提炼和升华，从而作为舞蹈动作编创的素材留存备用，最终应用到具体的体育舞蹈编创中。有时候体育舞蹈的编创还会从动物身上获得灵感，比如在 2018 年 WDSF 体育舞蹈锦标赛中，由北京舞蹈学院编创的《奇遇漂流》所营造的就是在大海的浪花中鱼群游动的意境。舞者们化身自由自在的鱼群，在舞池中央自由舞动，舞姿宛若行云流水，动作洒脱自如，将鱼群在海浪中的自由游动表现得淋漓尽致。

（二）综合学习各艺术门类

体育舞蹈是一种综合性艺术门类。作为体育舞蹈的编创者不仅要精通体育舞蹈动作，还要了解音乐、绘画、文学、书法等多种艺术形式，了解得越多越好，只要善于挖掘和运用，几乎任何一种艺术形式都可以利用。

同时，同一种艺术形式的不同种类之间也可以借鉴。例如，体育舞蹈可以借鉴我国传

统民族舞蹈的元素，也可以借鉴芭蕾舞、现代舞、古典舞中的元素。舞蹈编创基于生活，但形式可以多种多样，敢于从不同的艺术领域中汲取营养和创作灵感，是新时期体育舞蹈编创的基本方向。我国是四大文明古国之一，有着上下五千年的灿烂文明和深厚的文化底蕴，是世界文化大国，可以积极尝试从我国传统文化中汲取营养并应用于体育舞蹈的编创之中。例如，前面提到的体育舞蹈作品《穿越》就是运用中国传统文化元素的代表作，《穿越》最大的亮点就是在动作的编排上设计了"千手观音"的动作，编创者的初衷就是为了在国际赛事中展现中国文化的魅力。中国的水墨画、书法、宗教艺术等都可以成为体育舞蹈编创的灵感来源。这就要求编创人员平时要努力广泛学习和了解各种艺术形式，如此才能提升艺术敏感度，才能在各种艺术形式中挖掘到可以被运用于体育舞蹈的元素，然后加以提炼和开发。不仅是体育舞蹈，其他舞蹈形式亦是如此。

1. 要具备良好的乐感

通俗地讲，乐感就是指一个人对音乐的感知和理解。这种理解主要是指音乐色彩、形象和情感上的理解。不同的人群对同一首乐曲的理解也不同。普通大众有普通大众的理解，艺术家有艺术家的理解，文学家有文学家的理解，之所以对同一首乐曲有不同的理解，是因为每个人的审美感知、生活经验、思维方式、文化水平等均不同，即便是同一个人欣赏同一首乐曲也会因为欣赏的时间不同而产生不一样的理解，这是音乐的神奇之处，也是音乐的魅力所在。体育舞蹈的编创者要有基本的音乐理解能力，为体育舞蹈的创作选择适当的音乐，进而提升体育舞蹈的整体艺术感染力和表现力。

2. 要具备基本的构图和画面知识

构图和画面知识在体育舞蹈团体舞中的运用最为广泛。尤其是队形的编排最能体现一个舞蹈编创者的构图能力和画面把控能力。在舞蹈队形的编创中，出色的构图和画面能够充分表达舞蹈的主题思想，通过不断的队形变化，表现不同的故事内容，展现不同的艺术造型，使人获得视觉审美上的最大满足，同时也有利于舞蹈情感的表达，使体育舞蹈更具有艺术感染力。因此，作为一个优秀的体育舞蹈编创者必须掌握基本的构图和画面知识，尤其是对团体舞队形的编排要有最基本的驾驭能力。

3. 要积极学习灯光、服装的基本知识

舞台灯光在舞蹈艺术中可以起到烘托环境、渲染气氛的作用，是除了音乐之外，最能将观众带入相关情境的一种舞台效果，同时还可以起到深化舞蹈主题的作用。例如，舞蹈作品《春蚕》通过灯光的巧妙运用，生动塑造了"蚕"的形象。不同的灯光效果可以创造不同的意境，舞蹈编创者要了解和学习舞台灯光的基本知识，根据舞蹈的表达需要而设计灯光效果。

服饰对于人体的意义，体现在实用功能和审美功能两个方面。而服饰对于体育舞蹈的意义同样也体现在这两个方面，不同的是审美功能着重体现艺术表现力。目前，体育舞蹈的服饰主要是西方体育舞蹈服饰和具有中国风的体育舞蹈服饰，不管是哪种风格的服饰，其最终目的都是要服务于体育舞蹈的展现。不同风格、不同主题的体育舞蹈自然要搭配相应的服饰，以便更好地突出舞蹈主题，展现舞蹈风采和人体魅力。服饰的款式、颜色都是表现体育舞蹈舞台效果的影响因素，尤其是服饰的颜色，最能传达舞蹈的情绪和风格，红色给人以热烈、奔放之感，黑色给人以神秘之美，蓝色也给人以深沉、忧郁之感。所以说，服饰知识也是一个优秀的体育舞蹈编创工作者必备的基础知识。

4. 编导要具备天马行空的想象力

任何艺术形式的创作，都离不开想象力。可以说，想象力是一切学科的基础。舞蹈的编创更是离不开想象力，舞蹈动作的产生需要想象力，故事情节的演绎需要想象力，团体舞的队形编排需要想象力，音乐与舞蹈的搭配需要想象力，舞台灯光的设置需要想象力，服装的设计与选择需要想象力。作为观众，在欣赏一件艺术品时需要想象力，在看一场舞蹈表演时同样需要想象力，没有想象力，就不会有艺术作品的产生，没有想象力，体育舞蹈的创作就如同无米之炊。优秀的体育舞蹈编创者应充分发挥想象力，敢于尝试，让体育舞蹈的编创在一次次大脑的想象旅程中获得灵感。

第三节　体育舞蹈创编的要素

体育舞蹈围绕动作、空间和节奏三大要素进行不同的组合，创编出符合体育舞蹈特性的舞蹈。这三大要素，每一个要素又包括很多内容，三大要素的组合可能近乎无限，从这个角度考虑，体育舞蹈的编创在理论上也是永无止境的。但在现实中，总有一些人喜欢依赖现成的套路进行模仿或者照搬，这势必制约着我国体育舞蹈在横向和纵向上的双向发展。体育舞蹈的发展离不开创新，离不开创作者的奇思妙想，体育舞蹈通过这三大要素进行情感和艺术性的传递，任何一个要素都有无限拓展的可能，而任何一点拓展都会让体育舞蹈产生不同的风格和艺术特点。艺术创作的魅力即在于此，在人的能动意识作用下，它总是存在无限可能。体育舞蹈兼有体育与舞蹈的双重属性，体育方面表现为力量和肌肉的展示，舞蹈则表现为艺术和情感的表达，两者同等重要，缺一不可。

一、动作要素

在体育舞蹈三大要素中，最重要的莫过于动作要素，动作是舞蹈的基础，没有肢体的动作，舞蹈就失去了存在的载体。

从心理学的角度分析，动作又分为自然动作和非自然动作。自然动作就是人生来自然形成拥有的本能性动作，如吃饭、走路、刷牙、挥手等，而非自然动作是人类在自身本能动作的基础上而进行的有规律、有目的的动作，显然，舞蹈属于此类。从哲学角度讲，自然动作是人类无意识的肢体行为，而非自然动作则是人类有意识的动作行为。体育舞蹈就是人们有意识进行的艺术性肢体语言。

肢体动作是肢体的语言形式，每一个肢体都有其特殊的含义。而肢体语言的表达，不单是通过单纯的四肢动作、躯干动作等力量语言进行，同时也包括面部五官动作而产生的面部语言，即表情。同时，肢体动作也具有相对性，往往是静中有动，动中有静，而舞蹈情感的表达就流淌在肢体动作的动静结合之中。综合起来，体育舞蹈的动作要素主要体现在力量表达、形式表现和面部表情三个方面。

（一）力量表达

舞蹈艺术是肢体运动的艺术，而运动离不开肌肉力量和骨骼支撑，力量通常是运动的外部展示。动作的色彩特点是力量赋予的，力量强大，动作则体现为高亢有活力，适于表现富有张力的体育舞蹈；力量弱小，动作则表现为柔美细腻，适于表现抒情浪漫的体育舞蹈。可以说，力量是动作的语言，在体育舞蹈中使用不同大小的力量，就会表现出不同的舞蹈感。

（二）形式表现

形式表现为动作的形状或者是轮廓特征，在肌肉力量的支撑下，形式作为动作的外在表现，可以明确动作的走势和方向。舞蹈形式的外在表现主要体现为四肢、躯干和头部脖颈的动作套路，同时也包括面部五官的表情变化。形式不仅作用于舞者本身，同时也作用于观众，观众通过舞者的动作形式去理解舞蹈本身要传达的含义。

（三）面部表情

除了肢体动作，演员的面部表情也是体育舞蹈表演的重要构成。面部五官的动作变化，表现为情绪的变化，是传达体育舞蹈思想情感的主要媒介。如果说身体的动作是舞蹈的形式表现，那么面部表情的变化则是舞蹈的灵魂表达。没有面部表情的舞蹈动作就如同

"行尸走肉"，毫无灵魂可言。

但是，舞蹈表演中的面部表情和我们生活的面部表情是有差别的。在人际交往中，人们总是通过注视对方的面部，来解读对方所传达出的信息，看似是在语言沟通，实际上面部表情也同时参与了整个沟通过程，有时候对方脸上一个细微的表情变化就会造成整个沟通的失败。而在体育舞蹈艺术中，面部表情要服务于舞蹈情感的表达，具有表演性质，是刻意表现出的表情，不能等同于生活中的面部表情。

在体育舞蹈表演中，面部表情直接决定着体育舞蹈的表演效果。而其中最能体现传神表意的莫过于眼神的表达。

1. 体育舞蹈的灵魂——眼神

鉴于体育舞蹈中的面部表情具有表演性，面部表情的管理需要通过一定的训练才能在表演中应用自如。眼神的基本功训练、眼神的含义表达都是舞蹈训练中的重要训练内容。眼神训练的目的是让舞者学会如何通过眼神的动作变化正确传达舞蹈情感，使舞蹈更具表现力和艺术感染力。眼睛是心灵的窗户，是无声胜有声的高级表达。舞伴之间的眼神交流，可以使体育舞蹈的情感表达更加充分，更加饱满；观众在欣赏舞蹈时，同样也能从舞者的眼神中获取相关信息，从这个角度讲，舞者的眼神是沟通观众和体育舞蹈的桥梁。

除此之外，作为舞者还要了解、把握体育舞蹈的精神特征属性，争取能够通过舞蹈动作和眼神的变化正确传达体育舞蹈的精神特征，并通过眼神的交流让观众也获取到相应的体育舞蹈精神，从而在艺术和情感上产生共鸣。那么在具体的体育舞蹈中，该如何正确运用眼神呢？

2. 体育舞蹈中的眼神运用

体育舞蹈从人数上可分为双人舞和队列团体舞，这两类舞蹈的表现形式不同，同时也都有着各自的精神特征和情感诉求。如伦巴的浪漫抒情、恰恰舞的激情四溢以及桑巴舞的豪放不羁等，都极具个性化色彩。在体育舞蹈中，男女舞者的眼神也有不同的要求，这种要求体现为两者之间的眼神"交流"，或者说是眼神的"互动"。体育舞蹈的情感就在男女舞者眼神的互动之中得以表现。当然，不同的舞种也需要不同的表现方法。

例如，练习桑巴舞时，在表情和眼神的表现上就要根据桑巴舞豪放不羁的特点进行；练习斗牛舞时，同样也要根据斗牛舞的特点进行面部表情和眼神的表达，表情要夸张，眼神要充满力量，进而表达斗牛舞者的勇敢和力量以及女舞者对英雄的崇拜之情等。以下选择其中的几种舞蹈进行具体分析。

（1）眼神在伦巴舞中的运用。伦巴属于拉丁舞项群，一般来说，舞者在跳拉丁舞时主要通过手部、眼神以及身体重心三个方面进行交流。其中，眼神的交流发生在舞者的面部，不与对方产生肢体上的接触，这种交流方式最为独立，而重心和手部交流必须通过肢体接触才能完成。

练习伦巴舞时，舞者男女双方的表情要自然放松，可面带微笑，但不宜过于明显，只要呈现出自然放松的神情即可。在眼神的表现上，舞者要彼此注视着对方的眼神，感受对方情感的同时也要将自己的情感通过眼神传递给对方，以形成眼神上的"交流"，从而完成双方情感和情绪上的传递、交流和融合。在这一交流过程中，彼此的情绪都受到对方的影响和牵引从而进入彼此的内心世界而达到忘我的境界，这一状态同时会通过肢体的动作呈现出来，舞者的情感流淌在彼此的舞步之中，观众作为"局外人"，同样也能从舞者的状态中感受到舞蹈的情感表达和艺术感染力，进而获得感官上的全新体验。

（2）眼神在华尔兹中的运用。华尔兹属于摩登舞，与豪放不羁的拉丁舞不同，摩登舞的整体特点相对更加含蓄优雅。摩登舞这一风格特点决定了眼神在摩登舞中的运用要比拉丁舞复杂很多。华尔兹不同于快步维也纳和探戈舞，它是摩登舞中最为浪漫、华丽的舞蹈，深情而不失典雅，这一特点决定了华尔兹中的眼神表达要温和浪漫。

华尔兹的舞蹈特点体现在动作上，主要是以旋转为主，动作如行云流水一般流畅自如。华尔兹的华丽与典雅也主要是通过优雅高贵的旋转动作来体现的。练习华尔兹时，男女舞者的眼神交流主要发生在舞者旋转之时。男女双方的眼神交流往往是点到即可，不能进行长时间的"注视"，而是间歇性的"眉来眼去"，情感的表达含蓄而内敛、不张扬、不夸张、不直接，是眼神在华尔兹中的运用特点。

在华尔兹舞蹈中，舞者几乎不与观众进行持续的眼神交流，而是在快速旋转的过程中，眼神也随之迅速地掠过观众，但从不定格，只是一眼带过，然而就是这种不经意的眼神，反而能让观众更加欲罢不能，不知不觉中，就被舞者带入了华尔兹的舞蹈世界之中，观众也从其中感受到了华尔兹的含蓄之美。

二、节奏要素

舞蹈动作是人类进行有规律、有目的的动作，而节奏就是其中的规律性表现之一。舞蹈动作在节奏的作用下，产生了韵律美，而韵律美则赋予了舞蹈动作以形式美和不同的性格色彩。舞蹈中的每一个动作都有自己要表达的内容，而内容的表达要通过节奏来实现。这里的节奏不一定是音乐形式的规律性体现，也可以是舞者的呼吸节奏、情感表达节奏等等。但在舞蹈中，音乐无疑是最主要的节奏表现形式。音乐与舞蹈，就如同鱼儿与水。与其说舞蹈不能没有音乐，不如说舞蹈不能没有节奏。舞者的动作总是要随着节奏的变化而变化，节奏的快与慢对应着动作的急与缓，两者共同传递着舞蹈要表达的情感。节奏是音乐的灵魂，音乐是舞蹈的灵魂。

体育舞蹈之所以具有艺术性，并不是因为舞蹈本身赋予了体育舞蹈艺术性，而是因为在音乐的作用下，舞蹈有了艺术性特征，体育舞蹈才产生了艺术性。简而言之，体育舞蹈的艺术性来自节奏。比如，节奏感极强的恰恰舞，如果不按照恰恰舞固有的节奏进行练习，那么恰恰舞就会黯然失色，就会失去自己的风格；再如，如果你想练习华尔兹，却使用了维也纳华尔兹的音乐，那么你练习的到底是哪种舞蹈就很难说清了。

音乐是最能体现节奏的艺术形式。体育舞蹈的编创通常要选择相应的音乐来进行。作为两种不同的艺术形式，在节奏的共同作用下，体育舞蹈中的音乐与舞蹈在韵律、情感和风格等方面达到了高度的统一，从而形成了体育舞蹈外在的形式美。舞蹈动作的设计是根据事先准备好的音乐进行的，也就是说先有节奏后有具体的舞蹈动作。目前，体育舞蹈音乐的选择和使用主要有两个途径，一是根据选择现有的音乐设计体育舞蹈，这种情况下的体育舞蹈要表达的内容和情感就要根据所选择的音乐进行具体体现；二是根据已经设定好的舞蹈主题和内容进行音乐的创编。其中前者是体育舞蹈编创工作中最为普遍的做法，但要注意的是，要对音乐进行甄别和选择，并非所有的音乐都适合创编体育舞蹈；如果为体育舞蹈专门创作音乐，音乐就要服从舞蹈编导的要求，随着舞蹈的要求而做出相应的修改。

除了音乐，体育舞蹈中的动作强度和幅度变化、动作速度变化、肌肉的张弛以及力量的强弱变化等要素，都属于体育舞蹈中的节奏要素。这些要素的任何变化，都会引起节奏的变化，进而产生不同的舞蹈风格和特点。比如，伦巴舞中男女舞者的走步，女舞者的变形动作主要强调女性的妩媚之感，而男舞者的动作则相对含蓄凝重，这样的动作组合，在音乐的作用下，可以起到酝酿情绪的作用。

体育舞蹈中，音乐的本质作用是为了和肌肉运动产生共鸣与统一。肌肉运动表现为力量与速度，力量的强弱产生的效果可以归纳为肌肉运动的内向与外向；速度则主要表现为动作的快与慢。动作的强弱、快慢、内向与外向，可以组成八个不同的动作效果，据此就可以创编出风格多样、节奏各异的舞蹈动作。这一理论适合于任何一种舞蹈形式，毕竟力量是肢体动作的基础。节奏多变，就能呈现出丰富多彩的情感，有利于体育舞蹈内涵的表达。

综上，体育舞蹈的编创务必遵循节奏要素。另外，在具体的编创工作中，也形成了一些约定成俗的编创套路，比如对比法则，舒缓柔和的动作要与快速有力的动作相结合，伴奏音乐要有快与慢的结合，等等。

三、空间要素

对于体育舞蹈来说，足够的场地空间是保证体育舞蹈充分展现的基本条件。尤其是在进行队列表演时，对场地空间的要求比双人舞要高，空间的布置要做到点、线、面的相对统一，以便舞者可以在足够的空间内完成舞步和队形的变换。不管是体育舞蹈的编创者还是舞者都要具有一定的空间感，空间感强调的是立体感，舞者必须用心感受这个空间中的气场，在点、线、面构成的立体空间中流畅地完成各种动作的转换。作为舞蹈编创者，如何在空间中设置、变换队形，并使其自然过渡，是在编创工作中必须仔细考虑的要素。拉班的空间理论对体育舞蹈的编排可以起到很好的启发作用，通过科学方式处理体育舞蹈动作及队形的方向与变化，使体育舞蹈在空间上的表达更加立体化、自由化、科学化。

动作、节奏和空间是体育舞蹈编创的三大主要因素，除此之外，还有一些其他因素也需要纳入新时期体育舞蹈编创工作之中。

四、舞蹈立意

立意反映的是体育舞蹈的思想高度。体育舞蹈的立意要足够新颖、奇特、深刻，才能吸引观众。每一个体育舞蹈编创工作者都是体育舞蹈剧本的创作者，舞蹈中所表达的思想情感，都是创作者的思想，而这种思想就是体育舞蹈作品的立意，只有创作者的思想与众不同，才能表达出不一样的立意，也就是说立意是创作者赋予舞蹈的灵魂。在舞蹈编创过程中，舞蹈的内容和形式要紧紧围绕舞蹈的立意而展开。

五、舞蹈结构

结构之于舞蹈，正如骨架之于人体，结构是构建一件作品的基础。在体育舞蹈编创工作中，舞蹈的故事结构是最能驾驭观众的，结构直接影响着观众对舞蹈的理解。结构的形式、逻辑都必须严谨，要经得起推敲，同时舞蹈的故事结构要足够新颖有创意，传统惯用的结构形式已经被观众所熟悉，观众看到了开头，就知道了结尾，这样的结构是没有意义的。真正好的结构，就要出其不意，故事情节跌宕起伏，引人入胜。一般而言，体育舞蹈的结构安排可分为以下几个部分：

引序：交代环境、时代背景和主要人物；

开篇：交代矛盾冲突，情节要鲜明，且引人入胜；

过程：展开故事情节，交代事情的发展方向，这一部分是作品最主要的内容；

高潮：人物矛盾冲突发展到顶峰，人物情感得以充分的展现，是作品最精彩部分；

结局：交代故事的结局，升华和总结作品的主要思想情感。

六、舞蹈形象

任何一门艺术的表达都要依靠形象的塑造去完成，形象是艺术之本。在体育舞蹈编排中，也要通过人物形象的塑造去完成体育舞蹈的内容表达。舞者就是体育舞蹈中的人物形象，他们通过肢体动作、面部表情来进行自我表达的同时也与观众进行着交流，观众在欣赏体育舞蹈的过程中，能够清晰地感受到人物形象的情感变化。通常情况下，形象越是鲜明，情感表达就越是明显，观众的体验就越是丰富，进而在情感上和观众取得共鸣。

同时，作品的立意和主旨要求也促进着人物形象的塑造，毕竟舞蹈的传情表意都需要通过人物形象去传达。这就要求舞者要对自己塑造的人物形象有深刻的理解和到位的诠释，如此才能正确表达出舞蹈作品的中心思想，从而形成艺术上的审美和感知。提高舞蹈演员的思想内涵、文化水平和艺术品位不仅是体育舞蹈发展的要求，更是这个时代发展的需要。

七、配合协调

体育舞蹈为双人舞，男女舞者之间的高度配合是完美演绎体育舞蹈的重要条件。眼神的交流、动作的演绎、双方的情绪都需要二者的高度协调和统一。在体育舞蹈中，男士的引导起着至关重要的作用，双方的配合效果如何甚至可以完全取决于男士的引导是否到位。再者，舞伴之间的情绪变化也是舞蹈动作的风向标。当舞者四目相对时，目光和情绪形成的焦点便是舞蹈动作的风向标；当两人分开时，就要为再次相聚而做好准备，在准备过程中主要依靠对方的情绪引导，使另一舞者毫不犹豫地奔向对方。一方发出信号，而另一方就要心领神会，这种默契经过一段时间的练习便可以培养出来。

综上，在体育舞蹈编创工作中，要以动作、节奏和空间要求为创作根本，同时也要关注体育舞蹈的立意、结构、形象及人物情绪等要素的重要作用。任何一种元素的缺失都会导致体育舞蹈创作的失衡。因此，要高度掌握这些要素的运用规律，进而创编出科学的、先进的、优秀的体育舞蹈作品。

第四节 体育舞蹈音乐创编的研究

在上一节中，我们提到了节奏要素的主要艺术形式体现是音乐。从这一角度来讲，音乐是舞蹈艺术的核心存在。舞蹈艺术是一项视听艺术，集音乐听觉美感和舞蹈视觉美感于一身，音乐赋予了体育舞蹈生命力。随着体育舞蹈的深度发展，目前的舞蹈音乐已经远远不能满足体育舞蹈教学、表演和比赛的需要。这就要求原创音乐来填补体育舞蹈音乐市场的空白，尽最大努力满足体育舞蹈的音乐需要。原创音乐根据体育舞蹈的需要而创编，能充分满足体育舞蹈的个性化需要。

一、体育舞蹈音乐的共性与特性分析

体育舞蹈音乐以其特有的艺术魅力综合服务于体育舞蹈，音乐的节奏和旋律可以起到烘托气氛、渲染意境、酝酿情绪和升华人物情感的作用。随着现代体育舞蹈及音乐水平的发展，体育舞蹈与音乐的关系越来越密切，有时候单是一首好的乐曲就能成就一个体育舞蹈作品，反之，一首不合适的乐曲同样也能毁了一个优秀的体育舞蹈作品。分析和研究各种体育舞蹈音乐的共性和特性，并探析其形成原因，对创作合适的体育舞蹈音乐来说至关重要。不仅有利于体育舞蹈音乐创作者掌握基本的创作规律，提升和培养体育舞蹈演员的音乐素养，同时也有助于提高普通观众对体育舞蹈音乐的鉴赏能力。

（一）弄清体育舞蹈音乐的共性和特性是搞好体育舞蹈的要诀

体育舞蹈分为摩登舞和拉丁舞，两者的音乐风格与特点均不同。摩登舞的风格浪漫典雅、柔和温婉，其音乐风格也倾向于节奏较为鲜明、浪漫唯美的舞曲；拉丁舞热烈奔放，其音乐特点相对摩登舞则更加个性鲜明，强烈的节奏感、自由欢快的旋律，处处体现着拉丁舞的热情与豪放。

体育舞蹈属于竞技体育项目，所以体育舞蹈音乐不同于其他舞蹈形式的音乐，体育舞蹈的竞技特征决定了体育舞蹈音乐的节奏比较强烈，具有旋律明朗优美，音乐风格多样等音乐特性。体育舞蹈必须在音乐节奏的配合下才能形成自然过渡的舞蹈动作和队列转换，在叙事结构上可以起到承前启后的过渡作用，在舞蹈意境上可以起到烘托渲染的作用。总之，体育舞蹈在音乐内在与外在的共同作用下，其观赏性、完整性、自然性和艺术性得以淋漓尽致地体现。

了解体育舞蹈音乐的共性和特性是全面了解体育舞蹈艺术必须面临的问题。首先要研

究体育舞蹈音乐的共性，在此基础上再展开对其特性的研究。任何艺术门类之间都必然存在一定的共性，这是事物发展的必然现象。艺术是对客观现实生活的反映，因其反映的方式和途径不同，而衍生出了不同的艺术门类。体育舞蹈艺术是对人体运动美的反映，其中，音乐作为一种节奏要素参与其中，共同作为反映人体运动美的媒介而存在，这种客观条件决定了体育舞蹈音乐之间必然存在某种共性。

（二）体育舞蹈音乐的共性
1. 音乐节奏鲜明

作为诸多体育舞蹈音乐的共性，节奏鲜明是体育舞蹈音乐的最大特点。相比民族舞蹈、现代舞蹈等舞蹈形式，体育舞蹈在思想情感方面的表达相对要少，因其竞技性特征，更加注重舞蹈技术水平的展现。体育舞蹈的竞技属性决定了体育舞蹈音乐要具有鲜明的节奏感和韵律感，在音乐的配合和烘托下，展示体育舞蹈动作的技术，表现和传达体育舞蹈的精神。

在体育舞蹈中，节奏对于表现舞蹈的风格和艺术表现先导作用。在进行体育舞蹈创编时，通常要根据舞蹈动作的技术特点及表演需要等要素来确定舞蹈动作的节奏。比如，桑巴舞因其舞蹈风格是基本稳定的，其变化空间有限，因此在进行套路动作设计时，其舞步节奏的呈现要根据音乐的变化而进行，如此桑巴舞才能表现出它应有的活力和艺术魅力。

在进行体育舞蹈教学中，通常是通过喊拍子的方式进行基本动作的练习，基本动作掌握后，开始跟随音乐进行演练。体育舞蹈的节拍主要以 4/4 拍或 2/4 拍为主，使用 4/4 拍的舞种有伦巴舞、恰恰舞、狐步舞、快步舞等，使用 2/4 拍的舞种有探戈舞和斗牛舞，桑巴舞则 4/4 拍或 2/4 拍兼有，而维也纳华尔兹、华尔兹舞的节拍则是 3/4 拍。下面我们以恰恰舞为例进行具体说明。恰恰舞自诞生起，就以其欢快热情的风格获得了美国人民的喜爱，并一度风靡美国，如今在全世界流行。恰恰舞音乐节奏十分鲜明。四拍内走两个慢步和三个快步。第一步踏在第二拍，前两步时值各占一拍；第三、四两步各占半拍；第五步占一拍，踏在舞曲的第一拍上。胯部每小节向两侧摆动六次，每分 30～32 小节，节奏为 4/4 拍，强拍落在第一拍。同时舞曲热情奔放，舞步花哨利落、诙谐风趣。

再如，有"舞中之后"之美誉的华尔兹舞，就有着美妙的华尔兹舞曲作为伴奏。每当华尔兹舞曲响起，舞者们就不由自主地翩翩起舞，其旋律优美又富有抒情。华尔兹舞曲之所以让人听了就有想跳舞的冲动，主要是因为起拍的重音。圆舞曲的第三拍有种牵引第一拍的特性，高明的乐团会把这个重音弄得更黏、更圆滑、对比更大，节奏感更加明显，让人听后不得不为之疯狂起舞。

2. 音乐旋律优美

旋律，通俗地说就是音乐的曲调，由音高、时值和音量大小三个要素共同决定。如果说节奏赋予了体育舞蹈形式之美，那么旋律则赋予了体育舞蹈意境之美。如果体育舞蹈只有节奏没有旋律，那么体育舞蹈就会失去舞蹈本身具有的艺术性和观赏性。体育舞蹈需要通过优美的旋律来烘托意境、渲染气氛，从而艺术性地完成体育舞蹈动作和技巧的展示及情感的表达。旋律是音乐各种元素高度统一的结果呈现，侧重于表现舞蹈的情感。体育舞蹈的风格也是在旋律的作用下通过舞蹈动作的展现而形成。优秀的舞者总是能做到"人舞合一"，音乐中的每个音符都化为舞者的动作和情感，在同一时空和意境下传递给了观众，从而和观众产生了情感上的共鸣。

3. 音乐风格鲜明

体育舞蹈的不同舞种有着各自的风格特点，所以每种舞种的音乐风格也都不同。比如，伦巴舞主要以表现爱情为主，所以其音乐风格比较偏向于抒情风格，在这种曲风的烘托下，舞者的舞蹈风格也会相应表现为抒情缠绵，舞姿表现为你侬我侬，顾盼生姿。而探戈舞则表现为豪放不羁的洒脱之风，其音乐的选择当是雄壮有力、气势恢宏的舞曲，只有这种曲风的舞曲才能将探戈舞的艺术风格表现得淋漓尽致。通常音乐风格的形成也是通过音乐节奏的舒缓程度和变化速度决定的。在现实生活中，人类个体对音乐的感知能力体现在情绪的变化方面，当一个人通过舞蹈去表达自己的某种情绪时，必须选择合适的音乐。如果舞者需要表达悲伤压抑的情感，那么舞蹈配乐就要适应这种表达的需要，通常要选择节奏较为舒缓低沉的音乐，同时舞蹈动作也要随之变得舒缓，反之，就要选择节奏速度快、比较亢奋的音乐。总之，体育舞蹈艺术美感的表达离不开风格合适的音乐，甚至当我们听到某种风格的音乐时，大脑就会不由自主地立即反映出相应的舞种。

（三）体育舞蹈音乐的特性

1. 舞蹈的功用不同，音乐的选择就不同

一般来说，体育舞蹈从功用方面可以分为标准舞和社交舞。比如摩登舞就是标准舞，该舞蹈源自欧洲宫廷，是流行于皇室贵族的高级舞蹈，这种舞蹈具有严谨的舞步规范，正如皇室贵族有着严格的礼仪制度一样。摩登舞要求舞者在体态上必须保持挺拔端庄，舞蹈风格整体表现为高雅端庄而又不失浪漫，其音乐风格自然也要符合摩登舞的风格。而作为社交类舞蹈，其主要功用表现为情感的交流。因此，这一类舞蹈的音乐风格大多比较抒情、活泼、热情且具有一定的民族特色，音乐节奏感强且富有韵律。

2. 对不同舞蹈动作有不同的控制力

体育舞蹈动作与音乐是相辅相成的关系，动作是音乐的表达，音乐是动作的根本。作为一个优秀的体育舞蹈选手必须有高度敏感的乐感，可以自由把握节奏和旋律的变化，始终保持舞蹈和音乐的和谐与统一。

在体育舞蹈的两大舞群中，关于音乐的控制力，要属风格豪放不羁的拉丁舞要求最高。另外，不同的舞种，其踩点的节拍也不一样，如恰恰舞的强拍要落在第一拍，桑巴舞的强拍要落在第二拍或者第四拍，而探戈舞的节拍则以慢、慢、快、快、慢的节奏进行。因此，针对不同的舞种，相应的音乐重音也会有所差异，比较难以把控。

另外，在体育舞蹈练习中，男女舞者之间也需要培养彼此的默契，要将自己的身心倾注于流淌的旋律之中，双方都要随着音乐的变化而进行动作上的变换和情绪上的变化，保持双方舞步同步和谐。任何一点不合拍，都会影响整个舞蹈的艺术表现。因此，在体育舞蹈教学中，学校可以通过进行大量的音乐素质训练，全面培养学生的音乐素养，提高他们的音乐感知能力和表达能力。

（四）体育舞蹈音乐应用中的注意事项

首先，体育舞蹈音乐的选择，其节奏必须符合体育舞蹈本身的动作节奏。舞蹈与普通运动的区别就在于舞蹈是富有节奏和韵律的有规律运动，节奏一旦不存在，那么舞蹈就会成为普通的肢体动作，毫无美感可言。只有保证舞蹈的节奏和音乐的节拍相一致，才能形成舞蹈与音乐的高度和谐，才能呈现出舞蹈的韵律美。

其次，体育舞蹈音乐的选择，其风格必须符合体育舞蹈本身的风格特点。舞蹈与音乐风格不一致，是目前我国体育舞蹈音乐在应用现状中最为突出的问题。音乐风格和舞蹈不匹配会给舞者在潜意识上造成一种无形的心理压力，这种压力会严重影响舞者的现场发挥，不仅不能流畅完美地展现自己的舞姿，同时也会影响舞伴的发挥，这样一来就会破坏整个表演气氛，引起观众的反感，最终影响舞蹈的整体表演效果。所以在选择或者创作体育舞蹈音乐时，一定要根据体育舞蹈的风格、表演目的、场地和实际的表演需要，选择节奏和旋律合适的音乐，从而增强体育舞蹈的艺术感染力。

二、体育舞蹈音乐配乐步骤

体育舞蹈音乐的配乐是体育舞蹈创编工作中的重要工作。影响体育舞蹈音乐选择的因素同样离不开舞蹈动作的创编过程。舞蹈动作的创编需要根据舞者自身的身体条件和技术水平、动作难度，以及音乐的风格、节奏进行编舞。其过程主要包括筹备阶段和整体构思。筹备阶段，编创者的主要工作任务是确定各种动作标准，在这一阶段除了要根据舞种的风格和特点创编动作，还要根据舞蹈特点和风格表现进行音乐的选择，在编舞的过程中，对于需要着重突出的舞蹈动作需要进行特殊的音乐处理，以突出表现这段动作的艺术效果。整体构思阶段的主要工作任务是设置舞蹈动作的大致路线、舞蹈的整体音乐风格，确定舞蹈套路动作的基本框架和结构。在进行音乐的选择时，大致要遵循四个步骤。

（一）确定音乐主题和目的

体育舞蹈音乐的主题取决于舞蹈要表达的主题，所以首先要确定体育舞蹈的主题，进而才能选择主题合适的音乐。例如，第四届全国体育大会团体拉丁舞比赛中，由北京舞蹈队创编的拉丁舞团体舞作品《茉莉花》就是以中国传统民谣《茉莉花》为素材创作的。拉丁舞的风格热情奔放，而《茉莉花》原曲风则是清新唯美的民间音乐，在经过一定的音乐处理后，这首传统民谣《茉莉花》和热情奔放的现代拉丁舞却"不谋而合"，中西方文化在同一舞蹈上完成了现代和古典的完美结合；来自山东地区的参赛选手基本都是中老年人，对于这些年龄偏大的舞者来说，他们要表达的是青春永驻的精神面貌，通过舞蹈充分展示自己"宝刀未老"的一面，进而表达他们对生命的赞美和热爱，所以他们选择的音乐风格就充满了青春气息，一片朝气蓬勃；来自四川的舞蹈则充满了男子气魄和民族特色，其舞蹈动作和服装方面都具有藏族特点，音乐风格辽阔高远，具有强烈的民族特征。

在具体的教学过程中，教师对音乐的选用，要充分考虑学员的舞蹈水平。对于初学者来说，节奏较慢的音乐可以让他们更快、更好地适应舞蹈的节奏，可以帮助学员建立学习的信心和兴趣；当学员的水平达到一定级别后，再根据学员的自身情况选择一些节奏较快的音乐进行过渡训练，这一阶段主要训练学员的舞感和音乐感，争取能跟上音乐的节奏。这一阶段是比较漫长的练习阶段，只有经过这一时期的不断磨炼，建立成熟的舞感和音乐感后，才可以进行更高水平的舞蹈练习。

（二）音乐与动作的编排

音乐与动作的编排关系有两种，一种是根据既定的音乐进行动作的创编，音乐的选择通常也不是随意的，而是根据事先定好的舞蹈创编思路，初定了音乐的基调，在这个基础上进行音乐的选择和编辑，然后再根据音乐的节奏和旋律特点进行动作的编创；另一种是根据已经创编好的动作创作合适的音乐，根据舞蹈动作的节奏、韵律、风格和艺术特点进行主题音乐的创作。不管是哪种编排关系，都要通过大量的实践调试，争取音乐和动作相得益彰，进而确定最终的编排方案。

团体舞在表演结构上讲究入场、表演和退场，同时强调队形的变化，这就要求在进行团体舞音乐搭配时，要根据每个结构和队形变化的要求，进行合理、科学的音乐设置，在队形变化和结构的过渡阶段，务必注意音乐的转换和过渡要自然衔接。团体舞音乐一般不会多于 16 个小节，这一点有着严格的规定。

（三）体育舞蹈音乐素材的选择

好的音乐能充分展现舞蹈的魅力。因此体育舞蹈的音乐选择应充分考虑舞蹈风格，使音乐的节奏，旋律为更好地表现体育舞蹈的特点服务。

体育舞蹈音乐素材的选择空间越来越大。近年来，随着体育舞蹈的多元化发展，流行歌曲、影视配乐及传统民族民间乐曲开始进入体育舞蹈音乐的素材库。尤其是我国的民间民族歌曲极其富有民族特色，具有浓郁的地域风格。而经典乐曲的运用，更能跨越时代和民族的鸿沟完成"只可意会不可言传"的民族情感表达，超越了音乐本身的意义。

（四）体育舞蹈音乐的剪辑程序

1. 采集音乐

将选取好的音乐输入计算机。采集的音乐音质必须高，因为如果源头的音质不好，在后期处理时就没有办法处理好。采集音乐时可以同时采集不同格式的所需音乐，仔细聆听比较，选择音效较好的几首音乐准备制作。MP3 格式的音乐在音质音效方面表现都不错。

2. 原音分析

用相关的软件可以对音乐的速度进行调整，反复聆听音乐并分析哪些声音或者段落需要，哪些不需要，再将确定的音乐素材保存起来。GoldWave 软件就是比较易于学习使用的音乐剪辑软件。它可以加快或减慢音乐的速度。同时它将声波图形化，可以从声波图形中点击右键选择"设置开始标记""设置结束标记"，获得某个区段音乐。在音乐剪辑过程中，利用选择某一波段图形进行"选显"的功能，对选择的一段音乐的声波图放大，以便更清晰地寻找音乐转折点，仔细聆听，避免节奏的缺少或增多。在声波图中，低谷时一般为音乐弱拍，高峰为强拍。

3. 剪辑与制作

运用相应的软件对所需要的音乐进行剪辑，其过程包含升调、降调、拷贝、粘贴、渐进渐出、过渡音乐的制作、左右声道互换、编写节奏等剪辑方法，可将所需要的音乐段落流畅地串联起来。然后将多声部音轨混合到一起，加入一些打击乐节奏、节奏人声、动效，使音乐更具特色和感染力。GoldWave 软件可以将音乐简单地叠加在一起，进行简单的处理，如升降音调、拷贝、剪切、渐进渐出和增加声音特效等。N-Track Studio 是可以录制、配音、混合多条 WAV 和 MDI 音轨的专业数字录音室。N-Track Studio 提供了多音轨录音的功能，它最大的特色是允许在单一的 WAV 与 MDI 档中，在不同的音轨上加入特效与混音，然后转换成一般的 WAV 或 MIDI 或者时下流行的 MP3 格式，让所有音轨上的声音可做同时播放。这样可以针对某一音轨做单独的修改，例如，换掉背景音乐、抽掉某些杂音或者再加些音效，为日后的编修与维护工作提供方便。在操作接口上，N-Track Studio 同样具有将声波图形化的功能，同样可以从声波图形中获得某个区段的取样频率、分辨率及声道参数等相关信息。在录制能力方面，N-Tack Studio 提供了高品质的音乐分辨率，它的双工设计可以在录制某一音轨的同时，听到其他音轨中的声音，对于和音、合唱、振音等特效，也都有实时试听与细部调整的功能。

三、音乐的输出

将制作好的音乐以 MP3 的格式进行储存，最后将保存好的音乐刻录成光盘。Nero 软件是强大的刻录软件，支持多种刻录格式，拥有完善的刻录功能。

四、音乐配制过程中要注意的关键问题

（一）整体风格特色要突出

为体现团体舞的主题思想，音乐的创编要与选手们的基本条件（如年龄等）、比赛服饰、各支舞蹈在套路中的比重等条件相协调，才能与观众产生共鸣。如在由年龄较大的舞友编排的《青春常驻》中为体现中国风情，职业舞者在编排音乐《茉莉花》时，可通过改变乐器、音乐节奏等方法，使音乐与舞蹈相适应。

（二）过渡衔接要自然流畅

删减后的音乐片段在衔接时，应保证接口音调要吻合，要符合乐理。一般是乐段、乐句之间的衔接转换，乐节和节拍之间的衔接更应精确处理。不同曲目节拍速度不同，在进行混减衔接时应注意处理好速度和旋律，保证衔接自然，风格统一。

（三）适当运用声音特效

特效通过增强动作的节奏感，使一些细节更生动、形象，达到视觉和听觉上的冲击效果。作为一种夸张的手法，音乐特效的加入应与整首音乐风格相融洽。特效的使用应考虑与动作的关系，要能更好地表达目的，并给予作者自然的联想。为体现震撼的效果，音量可稍大。

五、结论与建议

音乐水平的发展和体育舞蹈的广泛普及，为体育舞蹈原创音乐提供了机会和条件。作为体育舞蹈音乐的创作者，首先要不断提高自己的音乐素养，积极从各类音乐形式中汲取营养，比如，可以从传统音乐、流行音乐、民族音乐中挖掘适合作为体育舞蹈音乐的元素；其次也要广泛收集音乐素材，建立自己的备用音乐素材库，以便在具体的音乐创编中灵活运用自己的音乐素材，不断提高体育舞蹈音乐整体创编能力。

另外，在音乐技术上，创编者要进行不断地学习和提升，提高制作音乐的熟练度和专业度；同时还要注意音乐理论的学习和积累，并积极将理论知识付诸具体的实践操作之中。在不断地创编过程中，对于出现的问题和困难，要及时予以记录和整理，总结不成功的经验教训，唯有如此，才能在体育舞蹈音乐的创编中做到得心应手，才能高效地创作出优秀的体育舞蹈音乐作品。

第五节　竞技体育舞蹈比赛套路的创编研究

体育舞蹈 20 世纪 80 年代才正式传入中国，距今已有 30 多年，虽然从整体水平上，体育舞蹈在我国的发展取得了很大的进步，但是相对来说，我国体育舞蹈在比赛套路的编创水平上还与发达国家存在一定的差距。要想拉近与发达国家的差距，就要虚心学习和研究发达国家的比赛套路，从而总结出比较成熟的比赛套路编创原则、编创依据、编创方法以及编创模式。

竞技体育舞蹈的比赛套路编排要从选材、构思、套路设计到套路效果四个方面进行综合设计。从最初的选材到最后完整套路的效果呈现，是一个完成流水作业的过程，在这一过程中，任何一个环节出现纰漏都将影响整个比赛套路的发挥效果。一个优秀的体育舞蹈比赛套路必须是新颖且令人赏心悦目的，这就要求在竞技体育舞蹈比赛套路的编排工作中，要不断注入新的活力，整体要呈现出创新性和艺术性。那么到底是什么比赛套路呢？

完整的竞技体育舞蹈比赛套路，应在遵循运动力学、运动生理学、运动美学、运动卫生学的基础上，将一个个独立的舞蹈动作按照一定的顺序、路线、场地和音乐风格等要求进行排列组合，从而形成一套理想的、适合体育舞蹈比赛的规范化、系统化的有竞技性特征的套路，而不是单纯地将单个舞蹈动作组合在一起。

一、竞技体育舞蹈比赛套路创编的原则与依据

（一）竞技体育舞蹈比赛套路的创编原则

1. 全面性原则

所谓的全面性，主要是指竞技体育舞蹈比赛套路的创编要根据舞者自身的运动特点和形体条件以及不同比赛和表演的具体要求进行有针对性的创编。比如动作顺序、路线等方面的编排均要符合比赛或者表演的具体要求，同时还要注意将舞者自身的优势发挥到最大。

另外，体育舞蹈的10个舞种的舞蹈风格和艺术特点均不同，在具体到某一舞种的创编时要有针对性。舞蹈动作套路的编排和舞者的现场发挥都直接影响着比赛和表演的最终成绩，一个优秀的编创者会根据舞者自身的条件编排动作套路，以达到"人舞合一"的境界。这就要求编创者不仅要有一定的创作技巧和创作天赋，同时还要深谙竞技舞蹈体育的比赛流程和规则、裁判评判标准以及竞技体育舞蹈的发展趋势。

2. 合理性原则

所谓的合理性原则是指在编创舞蹈套路的时候，要按照一定叙事结构进行，同时，动作的安排要符合人体运动特点和舞者自身的条件。竞技体育舞蹈套路的编排要遵循一定的结构，一般来说，主要包括开头、主体和尾声三个部分。开头作为引子，一定要足够引人入胜，能够迅速将观众带入舞蹈要表现的情境之中，让观众"身临其境"；主体部分作为体育舞蹈最主要的部分，要充分展现舞者的舞蹈技巧和舞蹈本身的艺术风格，让观众"大饱眼福"；最后的尾声部分作为舞蹈的结尾，要对舞蹈的主题和思想感情进行总结和升华，让观众"意犹未尽"。

3. 艺术性原则

所谓的艺术性原则，是指体育舞蹈的动作套路编创要全面体现体育舞蹈的艺术性特征。体育舞蹈是体育也是舞蹈，其艺术性表现在力量与动作的完美结合。竞技体育舞蹈的动作套路编创可以从艺术的角度出发，一方面，可以积极吸收融合其他纯艺术类舞种中的艺术

元素，以增强和突出体育舞蹈的艺术性特征；另一方面，还可以从体育舞蹈自身出发，比如从动作、音乐、空间布局等方面来提升体育舞蹈的艺术性。一套完整而优秀的竞技体育舞蹈套路动作的艺术性通常通过动静与快慢的技巧结合、刚与柔的力量体现等方面来展现。

（二）竞技体育舞蹈比赛套路创编依据

1. 根据目的和任务进行创编

目的不同，动作编排的侧重点自然不同。竞技体育舞蹈比赛套路的创编主要是用于比赛，其表演性相对弱一些，竞技体育舞蹈比赛侧重于舞蹈动作技术的水平展示，通常是根据舞者自己的特点编排适合舞者的动作，以充分展示舞者的舞蹈功底和艺术表达能力；而以表演为目的的竞技体育舞蹈多侧重于艺术美感的表达，在进行动作编排时，动作的选择和设计以及音乐的搭配都要从艺术美感的角度出发，以充分体现体育舞蹈的艺术性。

2. 根据对象的特点进行创编

体育舞蹈动作的编排一定是基于舞者自身的特点而进行的，要做到扬长避短，综合考虑舞者的身体条件（年龄、身高和形体）、性格特点以及舞蹈基本功水平等因素，为其量身定制，设计出舞者能够驾驭自如的舞蹈动作，唯有如此才能充分展现舞者的舞蹈能力。编创者要针对不同的选手，编创不同难度的舞蹈动作。例如针对高水平选手，可以考虑编创难度较高、动作套路较为复杂的舞蹈动作，对于初学者，则只能为其设计基本动作的练习。总之，舞蹈套路动作的编创要遵循因人而异的原则。

3. 根据难美性项群的美学特征进行创编

按照运动能力的分类标准，现代体育项目可分为体能运动项目和技能运动项目两大主导类项目。体能主要体现在力量、速度和耐力三个方面，所以体能主导类的运动项目又可以分为耐力性、力量性和速度性三大类，如举重运动、投掷运动、跳跃运动等都要求运动员要有足够的体能和爆发力，属于速度力量性项群；短跑、游泳、赛场自行车以及速度滑冰等短距离运动项目要求运动员要有足够快的速度，属于速度性运动项群；长跑、长距离的竞走、越野自行车等长距离运动项目需要运动员具有足够的耐力，此类属于耐力性运动项群。

技能运动项目可以分为五大类，以追求高难度动作为目标，挑战人类身体极限，展现运动美。在以技能为主导的运动项群中，诸如竞技体操、艺术体操、武术、跳水、花样游泳、花样滑冰等这些项目均属于表现难美性项群。这些项目训练、比赛的评价不同于体能主导类项群，体能主导类项群是在一定规则下的客观评价，而表现难美性项群则是一定规则下裁判的主观评价。表现难美性项群需要充分表现技术美和艺术美等审美特征，不但要求动作、技术、姿态具有美感，而且要求动作新颖独特，难度高。

体育舞蹈作为表现难美性项群的一种，在进行具体的动作套路编创时，也要从表现难美性项群的美学要求出发，在遵循一定比赛规则和美学原则的前提下，充分表现体育舞蹈的动作美、技术美和人体美。尤其是在进行竞技体育舞蹈团体舞的套路动作创编过程中，要着重考虑团体舞的队列形式和变换规律，以求做到高度的和谐统一；另外，团体舞的动作编排务必符合音乐的节拍和旋律，舞蹈动作和队形的变换要随着音乐的起伏变化进行，在音乐的共同作用下，充分展现团体舞的运动美和艺术魅力。

4. 根据竞技体育舞蹈编排的国际发展趋势进行创编

国际发展趋势是体育舞蹈发展的风向标。我们要及时关注国际体育舞蹈发展的最新动态，学习和借鉴先进国家的体育舞蹈技术，丰富拓展我们的创编素材。

各大世界性体育舞蹈比赛的举办，为体育舞蹈在国家范围的发展和交流起到了积极的促进作用，极大地推动了体育舞蹈事业的发展，在这样的发展背景下，各国的体育舞蹈事业都有不同程度的提高和进步，这就意味着体育舞蹈事业的竞争更加激烈。虽然近年来我国的体育舞蹈水平有了显著的提高，但整体水平还相对落后。因此，必须提高舞蹈套路动作的编创水平，向"更难、更新、更强"的方向不断努力。

二、竞技体育舞蹈比赛套路创编步骤与方法

（一）初步构思，拟订编排方案阶段

构思是一切创作的前提。作品的结构、内容、主题等都要事先进行基本的设想，这一过程就是构思。在进行竞技体育舞蹈套路动作创编时，要对舞蹈动作、音乐、主题等方面进行全面的构思，并根据构思制定初步编创方案和大纲，为后续工作的展开打好基础。

（二）动作初选阶段

基本舞蹈动作、过渡动作、高难度动作以及造型动作构成了竞技体育舞蹈的动作内容。套路动作的编创要根据舞者的自身特点进行，选择适合该舞者的基本工作和难度动作，这两种舞蹈动作通过过渡动作进行自然衔接呈现，同时还可以设置几个造型动作，以充分展示个人舞蹈魅力，为自己加分。要注意，所有的动作选择都要适合音乐的特点和风格。

（三）套路创编阶段

接下来就进入了具体的套路创编阶段，也是主要的创作部分。首先根据体育舞蹈比赛的项目设置，竞技体育舞蹈分为双人舞和团体舞两种比赛形式，那么竞技体育舞蹈的套路编创也要根据这样的分类进行。由于竞技体育舞蹈比赛的音乐由大赛组委会提供，所以进行双人舞比赛套路编创的主要精力要用于核心技术的编创。与双人舞比赛不同的是，团体舞比赛的音乐需要自己提供，所以在进行团体舞比赛套路编创时，除了舞蹈动作核心技术因素外，同时也要考虑音乐要素，在具体的编创过程中，舞蹈动作的设计要与音乐的特点和风格相一致。由于团体舞参与人数较多，同时团体舞还需要呈现和谐统一的艺术美感，因此需要整体把控的因素也会相应增多，在具体的动作编排中，要从空间上把握动作的连贯性、自然性和艺术性。

不管是双人舞还是团体舞，其舞蹈动作套路的编创都必须遵循体育舞蹈创编的基本原则，以充分反映体育舞蹈的基本特点，同时还要将裁判标准和比赛规则等因素考虑进去。

（四）套路完善阶段

接下来就进入了实践阶段，将已经创编好的动作套路应用于具体的练习之中。作为舞者和创编者要及时从中发现问题并修正问题，进而逐渐完善套路，这个过程需要舞者和教练双方的共同努力。首先，对于舞者来说，他们是舞蹈动作的实施者，最先感受到动作套路是否符合自身的个人特点，一旦这一部分出现问题，舞者能做出最快的反应，并及时反馈给教练，然后进行相应的修改和完善。对于教练来说，作为旁观者能清晰看到舞蹈动作、音乐、队形、路线等各方面存在的问题，比如动作衔接是否流畅、队形设计是否合理、音乐风格是否合适等。总之，这一完善的过程比较漫长，需要不断地练习和调整，才能达到最终的理想状态。

三、竞技体育舞蹈比赛套路创编发展模式

（一）向着难度动作增多的趋势发展

竞技体育舞蹈在舞蹈动作上的发展趋势，必将朝着高难度、高技巧的方向发展。体育舞蹈是身体的技术，挑战的是人的身体能力，身体的运动能力体现在平衡能力、柔韧性、体能、肌肉力量等多个方面。随着选手身体综合素质的不断提高，体育舞蹈的技术难度也越来越大，而高难度的技术是提高观赏性、获得佳绩的重要砝码，要引起足够的重视才行。

（二）向着表演风格独特的趋势发展

体育舞蹈的表演风格，一是体现在舞蹈本身的艺术风格，二是舞者经过长期训练而形成的个人风格。舞者的个人风格，让相同的舞蹈表现出不同的魅力，这便是个性化风格的独特之处，个人魅力的展现也是决定竞技体育舞蹈成绩的因素之一。

（三）向着编排创新性趋势发展

任何事物的发展都离不开创新，竞技体育舞蹈自然也不例外。毋庸置疑，体育舞蹈动作编排的创新是获得佳绩的决胜因素，新颖独特的动作编排可以整体提高体育舞蹈的表演水平和艺术魅力。同时，不要忽略其他因素的创新，比如体育舞蹈音乐的创新也是编创工作中要积极考虑的问题。

（四）向着凸显体育舞蹈项目特征的趋势发展

体育舞蹈项目的特征主要体现在外在特征和内在特征两个方面，外在特征表现为男女舞者和谐共舞的外在搭配形式，内在特征表现为舞蹈动作和身体形态上的五个核心技术特征：第一是控制技术，主要是指在舞蹈中人体形态的正确保持能力；第二是弹动技术，主要是指身体重心快速而有节奏地弹动；第三是运动技术，身体重心以螺旋状和抛物状进行；第四是摆动技术，主要作用于身体的腰腹部和髋部；第五是律动技术，主要是手臂、肩部和胸部的动作技术。体育舞蹈的发展必将向着突出核心技术的方向发展。

（五）向着竞技性更强的趋势发展

"更高、更快、更强"是奥林匹克运动会的精神，同时也是竞技体育舞蹈要追求的方向。竞技体育舞蹈作为竞技项目，必然也要体现舞蹈动作的"更快、更难、更新"的特点。那么怎么才能更强、更难、更新呢？这就要从体育舞蹈套路编创入手，充分完善套路编排思想，不断追求技术和形式的创新，充分利用和发挥音乐的优势，进而综合体现体育舞蹈更强的竞技性。

竞技体育舞蹈套路动作的编排是一个复杂的系统工程，鉴于体育舞蹈的综合性特点，套路编排的内容涉及多个方面，还要从多个角度满足观众的审美需求，并获得裁判的认可。作为编创者就要不断学习西方先进的套路编创技巧，丰富自己的创作经验，充分发展自己的创造力、想象力和整体把控能力，进而创编出优秀的体育舞蹈套路作品。

第六节 体育舞蹈成套动作的创编

体育舞蹈成套动作的创编是指在遵循人体运动原理、体育舞蹈属性、审美原则等原则下，通过科学合理的方式，按照一定的时空、范围、运动线路以及音乐特点等要素的要求下，将单个舞蹈动作有机地串联在一起，从而形成一套完整、和谐、系统的体育舞蹈动作，这是一项极其复杂而又富有创造性的工作。体育舞蹈成套动作的创编对于日常的教学、训练，甚至比赛、表演都占据着重要地位，对整体提高体育舞蹈技术水平具有重要意义。在前文中，我们已经阐述过体育舞蹈动作的创编需要根据选手的自身条件，进行不同目的、不同任务的创编，需要综合考虑多方面的因素。

在这一小节中，我们将分别从个人成套动作和团体成套动作这两个方向对体育舞蹈成套动作的创编进行阐述。与个人成套动作的创编只考虑个人的技术动作不同，团体成套动作还要综合考虑整体队形以及队形的变化等因素，相对比较复杂。

一、个人成套动作的创编

个人成套动作的创编根据训练目的和任务的不同而有所区别。一种是为了掌握一种舞种而进行的基础性动作组合，一种是为了参加比赛或者表演而进行的提高性动作组合。基础性动作创编一般针对初学者或者水平不高的选手，此类创编主要以基本功、基本步法和基础技术为主要创编内容。提高性动作创编通常针对已经学有所成或者水平较高的学员，为在比赛和表演中取得优异成绩而进行的有目的性的编创。此类创编是一种拔高创编，更强调竞技性和艺术性的动作组合。

（一）创编的原则

体育舞蹈除了竞技性，还有一定的表演性，这种属性就要求体育舞蹈动作的创编必须遵循一定的美学法则，以实现体育舞蹈对形式美的传达。体育舞蹈的形式美主要表现在舞蹈动作的节奏、韵律、造型、层次、和谐、平衡等美学要素。只有严格遵循形式美的法则，才能充分传达体育舞蹈的艺术性。在具体的实践操作中，要有原则地对成套动作进行有节奏、有层次的科学化安排，做到节奏统一，刚柔并济，唯美和谐。

（二）创编的步骤

1. 动作的选择和编排

单个动作的创编和确定是成套动作创编的基础。在进行成套动作的创编时，首先要考虑的就是单个动作的技术难度和艺术价值，编创者要根据学员的身体条件、技术水平和风格进行单个动作的编创和选择。基础动作、难度动作和个人自创的造型动作是体育舞蹈动作的主要动作。

单个动作确定后，进行成套动作的整体创编。成套动作的创编需要根据舞者自身水平和整个套路的需要，确定动作的难度级别，然后再确定基础动作、高难度动作以及造型动作的数量，最后确定各动作之间的过渡方式和展示效果。

2. 套路的创编

（1）选择合适的音乐素材。一般来说，体育舞蹈成套动作在进行具体的编创之前，需要先确定舞蹈的节奏，然后再根据既定的节奏选择合适的音乐。动作的编排必须符合该舞种的风格和节奏。既然节奏是不变的，那么舞蹈的音乐性可以从旋律方面进行体现。至于舞蹈节奏，可以根据舞种的艺术风格和音乐特点进行形式上的美化，如可以通过舞蹈动作的动静关系、动作幅度的大小关系、情感表达的强弱关系、形成节奏上的张弛有度。

（2）单个动作的设计。通过一定的方向和运动路线将单个动作进行有机的串联，从而组成成套动作。尤其是在设计摩登舞的单个动作时，就要根据摩登舞的舞蹈特点进行合理设计。摩登舞通常是围绕场地进行逆向前进，因此，在编排这一类舞蹈时，就要综合考虑舞蹈行进的方向、距离以及空间大小等方面的因素，进行科学合理的安排。

3. 套路的完善

初步的套路形成后，就要进行大量的实践验证，在此基础上进行不断完善，最终确定成套动作方案，这个过程需要编创者和舞者双方的共同参与。作为编创者要从音乐、舞蹈形象、动作组合关系、整体艺术效果等方面分析成套套路的呈现效果是否符合预期。具体来说，要全面分析场地空间是否充分利用，动作线路和方向是否科学，动作的连接和过渡是否自然合理，观众和裁判是否能直观地看清选手的表现，舞蹈的节奏变化和艺术效果是否明显，高难度动作和造型动作的数量以及分布是否合理，成套动作在艺术表现上是否有创新等；而作为参与实践的舞者，则要从自身出发，验证套路动作是否适合自己，自己是否有能力充分展现该舞蹈动作套路的技术和艺术水平。总之，这是一个不断实践、不断提出问题、不断修改问题的过程，创编者和舞者都要经过无数的反复演练和推敲，力求达到舞蹈内容和艺术形式上的高度统一，最终确定完美的动作套路方案。

二、团体舞成套动作的创编

团体舞的成套动作创编需要综合考虑的因素相对比较多。团体舞的表演人数共有八对，在进行成套动作设计时，主要侧重于队形和图案的设计以及团体舞风格的选择。

（一）成套动作风格的设计与制定

团体舞不同于个人舞蹈之处，是更加具有表演性和艺术性特征。这就要求团体舞成套动作的创编要以能够体现表演性和艺术性为基本原则，团体舞的表演风格是体现艺术效果的重要方式，独特的表演风格经常能获得较好的艺术效果，同时也能充分体现舞者的集体合作能力和协调能力。所以在设计和制定团体舞风格时，要综合各方面因素，在全面把握舞者的整体水平的基础上进行大胆的创新。

（二）套路的创编

1. 单个动作之间的过渡和衔接

作为体育舞蹈动作的编创者要熟知人体运动的生理学规律，仔细探究不同动作之间的关系和过渡条件，前后动作的衔接必须自然流畅，前一个或者一组动作的结束是后一个或者一组动作的开始，从而形成一套完整而连贯的动作套路。

2. 动作之间的对比关系

动作要讲究力量的强与弱、速度的快与慢、幅度的开合与起伏以及难度水平的高与低等层面的对比，同时要注意这些对比因素之间的转换和过渡要自然合理。

3. 取长补短、避虚就实

团体舞成套动作的编排要注意扬长避短，避短主要是避形体和能力上的欠缺和不足，形体上比如团体中存在的身高差异、形象差异等，如果是整体身高偏矮，就应该根据扬长避短的原则采取比较紧凑的编排形式，加快舞蹈动作的行进和转换速度，增加动力强的过渡动作的数量，加强舞者之间的配合，并通过变化莫测的队形变化等诸多方法从整体上削弱短板。反之，如果是团体的身高普遍较高、形象较好的话，就要通过编排更加优美舒展的舞蹈动作，来突出展示选手们的风采。比如可以设计一些具有线条性、流畅性的动作来突出舞者的形体美和造型美等。

4. 队形的设计与编排

队形作为体育舞蹈的空间要素是团体舞编排中不可或缺的要素。团体舞的风格特点和艺术感染力要在遵循运动生理学的基础上，通过队形的不断变化来实现。团体舞中共有 16

名男女选手，通过一系列精彩的图形变化而完成队形的排列和造型。

（1）队形变化的次数和间隔时间。目前国际体育舞蹈团体舞比赛中没有具体规定队形变化的次数，从某种意义上，队形变化的次数并不是固定或者限定的。但在一套完整的团体舞成套动作中，队形变化的次数在 30 个左右。表演时长和队形的变化次数的多少决定着队形变化的间隔时间。

（2）队形变化的动静关系以及形式和类型。队形的设计与编排必须符合形式美的法则，其中对队形变化的"动"与"静"，要有正确的把握和控制。队形的变化在动静结合之中，更能烘托出舞蹈的风格与气氛，动中有静，静中有动，看似独立却又统一。合理的布局、自然的变化、精妙的队形设计都生动完整地呈现出了团体舞的艺术魅力。队形的变化形式通常体现为直接变化和移动变化，这两种变化形式的运用，编创者要根据舞种的风格特点和表演需要进行合理安排，不可一种变化形式运用过多。

（3）遵循美学规则。在进行队形设计和创编时，要从运动形式美学的角度出发，注意舞蹈动作在点、线、面三方面的空间构成和有机结合，所谓的"点"是指一个或者一组舞蹈动作完成后而进行的造型动作，作为一个造型点对前面的动作进行收尾。所谓的线是指在一组或者一段舞蹈动作的流动过程中形成的线性动作。再者，还要注意队形的变化要与音乐风格保持一致，同时也要注意男女舞者的服饰色彩对队形变化的影响。最后还要充分利用和发挥空间场地，争取在队形的纵向和横向空间上产生多层次的高低变化，进而在空间上形成紧密的艺术结构，引人入胜。

5. 对体育舞蹈中成套动作的创编提出的建议

（1）要有对比性的变化。主要表现为节奏、时间、动作力度、空间、队形变化、队形线条、舞者身材等方面。这些外在形式上的对比，是人物内在情感的体现。任何舞蹈动作的变化都来源于人物内心情感的表达，在舞蹈艺术中，编导和舞者常常通过强烈的对比手法去表现人物情感的剧烈变化。

（2）必要的重复和再现。重复和再现手法类似于文学作品中经常运用的排比修辞手法，排比手法的运用，可以加强语言表达的气势，使内容集中、节奏鲜明，进而表达强烈的情感。体育舞蹈艺术中的重复与再现手法也具有类似的功能，不同的是，体育舞蹈中的排比形式是通过不断重复某一主题乐章和相应的舞蹈动作而实现的，这种手法可以让观众对舞蹈形象和舞蹈意境的表现留下深刻印象。

体育舞蹈经过百年的发展，如今已经成为世界级运动项目中较大的一项。团体舞虽然兴起的时间较晚，但是随着体育舞蹈水平的整体高速发展，这个新兴的竞技体育舞蹈项目越来越受到人们的关注和喜爱。团体舞的表演人数较多，其队形的搭配与变化较复杂，在成套舞蹈动作的设计和创编中需要综合考虑的因素也较多。队形作为团体舞的重要评判要素，一定要追求形式上和艺术上的不断创新，唯有如此，体育舞蹈团体舞的魅力才能得以全面展现。

第七节 体育舞蹈团体舞队形发展变化的探究

队形是团体舞编排中不可缺少的空间要素，科学合理的队形编排有利于扬长避短，提高比赛成绩。以下通过分析黑池舞蹈节 2018～2020 年体育舞蹈团体舞的竞赛视频，对各年前六支队伍成套动作中队形图案进行记录，对队形和变化移动方式进行记录分析，进而为提高团体舞编排水平上提供参考。

一、队形变化总数量的分析

对于体育舞蹈团体舞来说，队形犹如它的灵魂，在舞台上不断呈现着时空上的形式美和变化美，队形的变化在平面构成上呈现为直线、曲线或者是两者兼有的形态，团体舞中的每位表演队员是构成队形变化的点，在充分利用舞蹈空间的基础上，由"点"及"线"不断变化，从而形成时空上的结构关系。近些年来，随着体育舞蹈团体舞的多元化发展，队形的变化数量呈现出增长的趋势。在时空允许的范围内，队形的数量越多，成套动作就越具有观赏性，其艺术价值也就越高。队形数量的多少有时直接决定着比赛成绩的高低。

通过对前 6 名拉丁团体舞队形数量的对比分析，我们可以看出，这六支队伍中的队形数量都要比国内的数量多，其中的重复队形数量极少，多数为首现队形数量，两者之间存在着明显的差距；而且队形变化的时间间隔都比较短，变化次数多，表演时间也相对更长一点。

二、队形平均速度的变化和空间利用分析

一个团体舞蹈的整体水平高低往往要参考这支队伍的队形变化速度如何。从比赛视频中可看出前六支队伍的队形变化速度比较快，其队形变化的能力相对较强，而且在队形编排方面的难度也十分大，队形较为复杂，整体表现为队伍变化速度快且重复少。队形变化

速度快，可以使队形的变化更加舒展流畅，过渡自然，在舞蹈造型上也更加具有艺术魅力。这六支团体舞之间的队形变化速度则表现为直接变化的速度比较快，但是所占的比重并不大，而且在不同队伍之间的差异也比较明显；另外是移动变化的速度比较慢，但是所占的比例较大，至于这两种变化形式的使用次数，则相对较少。在空间场地的利用方面，第二区域的利用率比较高，舞池周边的空间则相对较小，另外，距离观众最远的第八区和第九区的空间利用率也较小。

三、团体舞队形图案分析

团体舞的队形在平面构成上主要存在三种队形类别，一种是线形队列，另一种是几何形队列，两者兼有的为综合性队列。其中，几何形图案是团体舞队形变化中最为常用的，几何图形为队形从点到线，再从线到面的转换提供了条件，几何图形中的任何一个点或边都可以成为上一个队形的过渡点或线，几何图形的运用使队形在空间上的转换更为流畅自然，不会出现卡顿或阻碍的现象，同时，音乐几何图形的线条存在隐性的延伸现象，赋予了空间上的广度和深度，让人感觉似乎整个舞池都被占领了一样。另外，不规则、不对称图形的运用，也让队形的变化充满了神秘感。这六支团体舞的队形图案整体呈现出了以下特征：队形主要以几何形队形和综合队形为主，线形队形运用得较少，在空间结构方面，对称队形的数量要多于非对称队形的数量。

总之，舞池中灵活多变的队形赋予了舞蹈艺术在空间结构上的艺术美感。在进行队形变化设计时，要根据比赛或者表演的实际需要进行不同形式的队形变化，同时也需要注意从一种队形过渡到另一种队形的变换技巧。

四、团体舞队形流动变化方式的分析

团体舞的队形移动形式按照动静关系来分，主要分为静止性和移动性两种队形移动方式，常见的基础移动图形主要包括数字图形和几何图形，比如一字形、八字形、三角形、四边形以及圆形等。相比之下，移动性队形就要复杂很多，一种队形向另一种队形转换往往需要通过不同的运动线路、不同的方向和不同速度共同实现，并在时空上呈现出了丰富多彩的移动图形，极具观赏性。通常在一套相对完美的团体舞成套动作中，不会只使用静止性队形，也不会只使用移动性队形，而是两者均贯穿于团体舞的队形变换之中，相互配合，相互映衬。

从比赛视频中可以看出，团体舞前六名队伍成套动作衔接紧密，动作流畅，动感十足，队形变化快速、准确且到位，近几年来无论是摩登还是拉丁，移动性队形在队形移动变化中所占的比例不断提高。他们动作流畅，能够作出各种不同的移动性队形与静止性队形的结合。团体舞队形的选择中较多采用移动性队形，一般表现为一两个人的快速换位或移动，队形的变化更具有艺术魅力和独创性。因此随着团体舞队形移动变化的速度不断提升，变化速度快、队形成形快及重复队形少是其重要的发展方向。

编舞者要掌握各类队形的不同特点与动作的相互关系，丰富队形种类，寓变化于整体，在统一中凸显个性。运用队形时必须与动作的点、线、面相结合，必须与音乐风格一致，兼顾男女选手服饰色彩的搭配，使之起到相互衬托的作用，使队形变换醒目。队形的编排要遵循运动形式美的原则，充分利用场地，注意队形的不同层次的高低变化，使空间结构充实饱满，产生引人入胜的神奇效果。

近年来，我国体育舞蹈的发展取得了不错的成效。一方面得力于我国良好的社会经济发展及政府的支持，另一方面也离不开体育舞蹈人的艰苦奋斗。我国体育舞蹈事业发展潜力巨大，应集全社会之力助力其发展。

体育舞蹈自传入我国以来发展迅速，推陈出新，借助社会其他有效资源来发展壮大，是其拥有强大生命力的重要因素。其快速发展的背后，我们也应注意到：虽然有着众多的优势和社会可利用资源，但目前社会体育舞蹈培训机构林立，师资人才良莠不齐；体育舞蹈理论领域依然有大片空白，不能形成系统的"中国化"理论；我国体育舞蹈选手还无法彻底抗衡世界顶尖选手；各级院校体育舞蹈教学工作的展开仍然阻碍重重等。如何在我国体育舞蹈转型期趋利避害，提高国际竞争力，建立完善的人才培训模式是相关部门和组织应重视的问题，而理论和实践创新工作则需要体育舞蹈工作者们竭诚探索。

第六章　我国体育舞蹈发展策略及创新路径研究

第一节　体育舞蹈发展策略综述

一、进一步适应市场经济的发展

我国体育事业的发展基于我国的基本国情，而体育舞蹈作为我国体育事业发展的一个重要内容同样也要遵循我国市场经济发展的基本规律。体育事业的产业化发展是市场经济发展的必然要求，我国体育事业的改革也必将朝向市场化运作模式运行，即将体育舞蹈作为一种体育文化商品而进入市场，通过一定的经营，从而产生经济效益。这必然要打破传统竞技体育的管理模式，只有突破固有的管理和发展模式，体育舞蹈才能作为商品进入市场，产生经济利益。我国竞技体育素来由国家和政府掌握主导权，社会配合而不参与管理，这种管理模式在一定程度上制约着体育舞蹈的产业化和市场化发展，不利于体育舞蹈市场化运作的展开。所以要想推进体育舞蹈市场化的进程就要积极在政府和市场关系上进行调和，使政府行为能够支持和促进体育舞蹈市场化的发展需要。

在体育舞蹈市场化推进中，首先，政府要把体育舞蹈事业的全面发展作为工作的主要职责，政府在体育舞蹈发展的过程中应该起到主导作用，从政策、管理、监督和资金等方面进行宏观的把控，由社会和市场主体来进行体育舞蹈市场化运作具体工作的开展和创收，只有做到"管办分离"，体育舞蹈的市场化运作才能有实现的基础和条件。其次，市场经济体制的建立，则为体育舞蹈的市场化运作提供了肥沃的土壤，在市场经济中，资源配置呈现出市场化的特征，经济行为主体的权利、责任、利益的界定也极其分明，这些市场经济的基本特征，可以使体育舞蹈在一定的经济规律下，根据市场和社会的需要，结合自身的商品属性，制定与市场相适应的体育舞蹈经济发展策略，充分发挥体育舞蹈的商品优势，做到利益最大化。

我国体育舞蹈的发展，必须依赖市场经济。在研究和制订体育舞蹈发展方案时，要综合分析评价，并根据体育舞蹈的特点以及发展环境进行"优势互补"。

体育舞蹈要想进一步适应市场经济的发展，就必须有具备市场营销能力及专业知识能力的人才支持。体育舞蹈进入市场作为一种商品，其商品属性是市场经营人才必须了解和掌握的，只有了解体育舞蹈的商品属性，才能使其在市场经营中获得准确的定位，才能使体育舞蹈充分适应市场化的发展。此类人才的培养途径一般有两种，一是和体育专业高校进行合作，设立体育舞蹈营销专业，有针对性地培养兼有体育舞蹈知识和营销管理技能的体育舞蹈经营人才；二是可以在相关的体育舞蹈组织或者协会中设立体育舞蹈经营人才培训机构，专项培养体育舞蹈销售与管理人才，制定严格的教材体系和评价测评体系，经过考试获得合格证书后方能从事相关职业。

二、加大体育舞蹈体制改革力度

过去，我国体育体制的管理过于集中，表现为体育管理的机构设置、体育制度和法规的规范以及体育组织的职能和权力划分等管理内容都集中于政府部分的管控中，社会和市场难以参与其中，致使我国体育事业的发展缓慢。国家体育总局曾经明确提出，我国的体育事业发展必须与时代接轨、要与国际接轨，向商业化、社会化和职业化方向发展。因此，明确体育系统的整体发展目标，加大体育舞蹈体质的改革力度，是促进体育舞蹈事业稳步向前的基石。

三、推进体育舞蹈协会实体化和职业化发展

体育项目管理组织走向实体化和职业化是我国体育体制改革的方向，同时也是当代体育适应国际体育发展趋势的必然结果。体育舞蹈协会作为体育组织的一种形式，其职能、责任以及权力一直以来都是体育舞蹈管理体制中的重要内容。实体化和职业化概念的提出，深化了体育舞蹈协会的职能和作用，可在一定程度上避免体育舞蹈协会组织"不作为"的工作状态，充分发挥体育舞蹈协会作为体育管理组织部门的职能。

在实体化和职业化的推进过程中，要充分认识到这一目标对于体育舞蹈协会组织的意义和好处，改变传统的旧观念，积极创造有利条件，坚持多项管理类型齐头并进，找准发展的主要方向，并制定相应的对策，全面推进实体化和职业化的发展。同时还要注意，由于体育舞蹈组织协会在各地的情况也有所不同，因此要做到因地制宜，根据当地的实际情况而制定相应的发展方案和实施步骤。在此过程中，还要注意经济上的创收，可充分利用体育舞蹈的社会影响力和吸收力进行多元化的经济创收，争取做到"以舞养舞"的目的。

四、加强科研及高水平教练的培养，打造稳定的体育舞蹈队伍

理论是实践的基础，科研是发展体育舞蹈理论的主要方式。体育舞蹈作为人体的一种艺术和技术形式，本身就是一个范围极为广泛的科学研究课题。体育舞蹈的理论包含体育舞蹈的起源、属性、特征、本质、发展以及体育舞蹈对人和社会的影响等方面的内容，可谓是博大精深。可以说，体育舞蹈的发展离不开体育舞蹈理论和专业人才。加大体育舞蹈师资力量和优秀舞蹈人才的培养是发展体育舞蹈的重中之重，稳定的体育舞蹈队伍，更是离不开强大的师资和专业体育舞蹈人才的支持。

综上，体育舞蹈事业的发展离不开市场，离不开体育舞蹈组织的管理，离不开科研力量、专业人才和师资力量的支持。全面发展体育舞蹈事业，必须从体育舞蹈的管理、发展方向、人才力量和社会力量等多个方面进行综合考量。同时，我国体育舞蹈的发展更离不开本土文化的滋养，体育舞蹈的"中国化"发展是我国体育舞蹈事业发展的重要方向。

第二节　体育舞蹈中国创新发展路径

一、创新发展理论阐述

在相当长的一段时间内，有相当的一部分人认为体育舞蹈既然是西方舞蹈，那么就要尊重它的"西方"特征，我们作为学习者就要完全按照它本来的样子进行模仿和表演。在体育舞蹈进入我国的最初时期，体育舞蹈的一招一式，我们都是严格照搬的，从体育舞蹈的编排套路、音乐、服饰到体育舞蹈的各个方面。这是体育舞蹈在我国早期的传播状态，面对一个陌生的舞蹈形式，我们只有通过不断地模仿来认识它，这也是一种正常的认知方式，无可厚非。但是随着体育舞蹈在我国的逐渐成熟，矛盾便开始凸显。体育舞蹈作为西方舞蹈，其文化内涵不能被我们东方人理解，久而久之，我们所掌握的体育舞蹈只是没有灵魂的空架子，不过是体育舞蹈的技能，没有文化的支撑。在这种情况下，如何赋予体育舞蹈本土文化特征，就成了发展和创新体育舞蹈的研究内容之一。纵观体育舞蹈发展的历史，同样也经历了不断的发展和创新。

我们不妨以体育舞蹈中的探戈舞为例，来探析一下探戈舞的发展和创新过程。探戈舞最初作为一种土风舞起源于英国乡间，后传至西班牙得以广泛地发展。那么探戈舞在西班

牙经历了怎样的发展历程呢？探戈舞传至西班牙之初被当地人称为"danza"，随着西班牙殖民统治的扩张，"danza"被带入古巴，与当地的土风舞融合演变为"哈瓦那舞"，并逐渐成为当地当时的主流舞蹈。后来，随着世界各地大量移民不断涌入阿根廷，带来了民族文化的大融合，优美的意大利小夜曲、高乔人的"米隆加"、古巴的"哈巴涅拉"等都汇集于拉丁美洲地区，随着各民族舞蹈文化的不断交流和融合，终于在19世纪形成了"探戈舞"的雏形。

再例如，我国体操项目的本土创新也同样获得了国际的认可，在不违反国际体操竞技标准的前提下，我国体操运动根据我国运动员的身体特点开创了"程菲跳""楼云跳"等国际体坛上前所未有的高难度动作。不仅刷新了国际体操项目的难度动作纪录，同时创造了中国特色的体操动作，获得了国际体操界的一致认可，丰富了国际体操运动的动作技巧，甚至成为一种新的国际标准。从这个角度来看，体育项目的创新不仅有利于国家体育运动的发展，同时也利于世界体育的发展。所以，体育舞蹈的创新也势必是新时代下体育舞蹈事业发展的重要路径。

中国传统文化具有独特的魅力，经过上下五千年的历史和文明的积淀，中国文化元素以其深厚的历史和人文底蕴深深地感染着世界各地人民。随着国际交流的不断深入，中国文化元素在世界各地全面开花，深受世界各地人民的喜爱。将中国元素融入体育舞蹈是让世界认识中国的又一途径。

体育舞蹈的发展离不开创新，而体育舞蹈在中国的发展和创新必须以"全民健身"为宗旨，并基于中国的国情和社会发展的需要而展开。体育舞蹈的创新主要围绕动作与编排、团体舞队形以及音乐配置三个方面进行。其创新的方向是走本土化发展路线，所以要在这三个方面中科学合理、恰到好处地加入"中国元素"。近年来，随着国家对传统文化的重视，以表现"中国元素"的文艺和影视作品越来越多，整个文娱行业进入了一个"传统文化复兴"的时代。"中国元素"引入体育舞蹈是我国体育舞蹈事业发展的必然。

二、"体育舞蹈中国化"的可行性分析

那么到底何为"中国元素"呢？从广义上说，只要是被中国人创造且目前依然在不断传承的中国文化的所有内容，即为"中国元素"。这些"中国元素"反映的是我国人民特有的民族精神、民族气质和文化特性，凝结着中华民族在不同的历史时期所形成的文明特性，是我国不同民族、不同阶层、不同地域和不同群体之间的物质文明和精神文明的总和，具有鲜明的民族性、地域性、多元性和独特性，是不同于其他国家和民族的文化

存在。

从文化的角度而言，"中国元素"可以简单地概括为物质文化和精神文化两方面的所有内容。物质文化主要包括中国历代的民间艺术、文学语言、民风民俗、舞蹈音乐、艺术绘画、器物文明等内容，精神文化主要体现在中华民族内在民族精神的内容，比如民族观念、思维方式、道德规范、行为准则、价值观念、人生观等被中华民族所独有的民族特质。而这些中国特有的文化元素，恰恰是世界认识中国的钥匙。

中国国际标准舞学会会长王镇对中国国际标准舞（体育舞蹈）表演舞所下的定义："国际标准艺术表演舞是以国际标准舞动作为载体的一种创作舞蹈。"这个概念如果将定语部分全部去掉，就简化为"国际标准艺术表演舞是一种创作舞蹈"，即体育舞蹈表演舞是一种创作舞蹈，这就说明了体育舞蹈表演是需要进行创新的舞蹈形式，只有创新才能赋予其更加具有表现力的表演属性；另外，我们分析中间的定语"以国际标准舞动作为载体"，这说明了体育舞蹈的基本表现形式是"动作"，且必须是国际标准舞的动作，而不能是芭蕾舞等其他舞蹈的动作。传统的体育舞蹈和表演性的体育舞蹈中，前者侧重于竞技性和运动性，后者侧重于表演性和艺术性，而"中国元素"的融入，主要是根据其表演性而进行的创新。那么"中国元素"在体育舞蹈项目中的运用是否可行呢？

（一）体育舞蹈发展的需要

体育舞蹈是人类历史发展过程中的文化产物和艺术产物，它具有鲜明的时代性，反映着一个时代的生产力、审美取向、文化特征以及情感需要。相对来说，体育舞蹈的文化和艺术属性是不变的，但是其舞蹈动作和文化内涵却是随着时代、地域、社会生产力的不断发展而不断变化的，符合事物发展的基本规律。体育舞蹈在中国的发展，自然也要适应中国本土化的发展特点，要满足我国人民的生活需要、审美需要和文化需要。所以说，中国元素的引入，是体育舞蹈在我国深入发展的必然，具有可行性。

（二）顺应世界文化发展潮流

随着世界经济一体化发展，文化已经成为影响一个国家综合竞争国力的重要因素之一。在这样的时代背景下，世界文化的发展趋势朝着现代化、市场化、科技化、社会化、信息化方向发展，最终形成全球文化统一的局面。这是世界文化发展的必然趋势。体育舞蹈虽然源自西方，但目前已经在全世界范围内传播，任何一个民族的体育舞蹈在经过本土文化的融合后都能以一种新的面貌展现在国际体育舞蹈舞池之上，体育舞蹈作为文化的载体之一，不断向世界各地传递着各民族的文化之美。与多民族文化的结合也丰富了体育舞蹈的表现形式，促进了体育舞蹈的多元化发展。因此，中国元素的运用，不仅可以丰富体育舞蹈的文化内涵，同样也能让世界更加了解中国。从这个方面讲，体育舞蹈运用"中国元素"是具有可行性的。

（三）中国元素的内在文化优势

作为世界四大文明古国之一，中国有着悠久的历史和深厚的文化底蕴。中国文化是为中华民族所特有的民族文化，是其他国家和民族所没有的。中国文化是由中华民族在漫长的历史长河中，在广袤的中华大地上，在一代又一代的中华儿女的劳动生产和生活中不断创造并代代传承的物质文化和精神文化的总和。中国文化具有历史性、延续性和深厚的人文性，在人类文明的发展进程中，只有中华文明流传至今，不管历史如何更迭，中华文明鲜活的生命力从未中断。这也从侧面说明了中华文化的根基之深厚和多元，任何外部力量都不能使其动摇，也正是基于这样的文化特点，中国文化呈现出了巨大的包容能力和融合能力，如此才造就了中国文化的多姿多彩。

在漫长的历史长河中，中国文化的发展一直在创新。一边不断传承传统文化，一边不断吸收学习外来的新文化，我国文化因此呈现出了多元化发展的趋势，不仅具有民族特征，同时也充满了时代特征。就舞蹈文化来说，我国的传统舞蹈历来追求的都是中国思想的呈现与表达。舞蹈的表现形式、动作、音乐以及服饰等方面多注重"人舞合一"的意境表达，在舞蹈动作上主要以"手舞"为主，侧重于表现上身的韵律之美，服饰多保守含蓄，音乐侧重于内涵的表达和情感的渲染。

体育舞蹈不同于中国传统舞蹈，它所呈现的是西方文化特征，与我国传统舞蹈在文化表现上有着明显的区别。西方人追求的是理性思维，注重个人情感和意志的表达。体育舞蹈在动作上突出人的形体美和动作美，在音乐上表现为活泼、热情、张扬的风格，服饰上更加开放，在情感的表达上比较直接、浪漫、不拘一格。西方的体育舞蹈从一开始满足的就是人们的社交需要，早期甚至是身份和地位的象征。比如摩登舞对舞者的要求极其严苛，作为舞者必须时刻注意保持挺拔的身姿，维护好自己的绅士或者淑女形象，这是社交礼仪的要求，必须严格遵守。体育舞蹈中，足乃是人立之本，其舞蹈功夫主要体现在"足部"，强调的是"下身"的技术动作之美，讲究的是"直立型"和"外放式"的外在舞蹈表现。

中国元素在体育舞蹈中的运用，为观众理解体育舞蹈提供了媒介。一个简单不起眼的文化元素，也会在无形之中引起观众的共鸣，这种共鸣建立在观众与文化元素之间的一种内在联系中。随着体育舞蹈在中国的不断发展，人们的审美需要也在发生着相应的变化，单纯的技术动作和艺术表现力已经不能满足观众的审美需要了。体育舞蹈的动作技术只能作为一种文化和情感表达的载体而被观众欣赏，但真正让观众得到满足的一定是体育舞蹈所表现出的人文内涵和思想情感，中国元素的内在文化优势在体育舞蹈中得到了充分的表现和延伸。在体育舞蹈的编创工作中，文化内涵的表达不再拘泥于单纯的西方文化，而是以中国文化的表达为基本，开始向多元化方向发展。体育舞蹈势必会在不同文化的碰撞和融合之中发展壮大，中国文化的内在文化优势也在一定程度上促进着体育舞蹈的文化性发展。

体育舞蹈的西方文化"开放性"特征与中国舞蹈的"内敛性"看似是对立的存在，实际上并不矛盾，可以相互补充，相互完善，相互发展。我们完全可以利用体育舞蹈形式上的"开放性"特点，充分表达中国人特有的内敛情感特质，即形式是开放的表现，内涵是含蓄的表达，这样的结合形式是对我国传统舞蹈的创新，同时也是对体育舞蹈的中国化探索。立足于中国文化，创新体育舞蹈，传承我国传统舞蹈，不失为新时代发展中国舞蹈文化的新思路。在打破常规，进行不同文化的重组和整合，分析不同文化的共同点，进行具有针对性的优势互补，从文化本源上创新体育舞蹈的同时，扩大中国文化的世界影响力。

发展体育舞蹈一是为了提升全民体质，二是为了丰富体育舞蹈的表现形式，提高舞蹈的质量和品质，使其更好地服务于全民健身的体育宗旨。近几年来，我国体育舞蹈在国际舞台上的表现甚佳。2012年由广州艺术学校编创的体育舞蹈集体舞《如梦令》获得了黑池舞蹈节的冠军，北京体育大学的《青花》获得集体舞的亚军。这两个舞蹈作品都加入了"中国元素"，这两部作品的不凡成绩，说明融入"中国元素"的体育舞蹈获得了国际的认可，同时也说明我国的传统文化获得了国际的认可。

提升体育舞蹈的品质是所有体育舞蹈者的共同目标。除了竞技性和运动性，体育舞蹈势必也会朝着艺术性和表演性的方向发展。"中国元素"的融入，对于体育舞蹈品质的提升有着不可替代的作用，它使体育舞蹈的艺术美呈现出别具一格的东方文化韵味，且深受世界人民的喜爱和认可。同时，"中国元素"的融入，也为其他国家的体育舞蹈文化发展提供了思路。但是"中国元素"的加入，一定要在遵循体育舞蹈本质的基础上，进行合理科学的融入，否则不仅会破坏体育舞蹈本身的美，还会使观众对"中国元素"产生误解或者认知不到位。

三、体育舞蹈中"中国元素"的运用

中西舞蹈结合在我国早有先例，尤其是芭蕾舞剧与"中国元素"的融合，是我国艺术家进行中西舞蹈文化融合的最早尝试,比如《大红灯笼高高挂》《二泉映月》《白毛女》《红色娘子军》等舞台剧都是芭蕾舞与"中国元素"结合的积极探索,并逐渐被国人认可,对于世界来说,用他们熟悉的形式来了解中国文化是最为行之有效的方式。

(一)舞蹈动作方面

作为舞蹈表演的核心,舞蹈动作是人体通过有规律、有节奏的肢体动作来表达一定思想情感和审美需要。"中国元素"融入体育舞蹈动作之中,主要是借鉴中国传统民间舞蹈和民族舞蹈的动作元素,使体育舞蹈在动作上的表现更加"中国化"。

2013年,在成都举办的世界体育舞蹈节的开幕式上,由四川师范大学文理学院创编的《西部放歌》大获成功。该舞蹈作品以拉丁舞为主线,藏族舞蹈作为辅助,运用了我国少数民族藏族的典型舞蹈动作——女士弦子、锅庄、堆谐等,既展现了拉丁舞的魅力,又体现了中国藏族舞蹈的文化魅力。拉丁舞和藏族舞蹈都是热情奔放的风格,正是这种共同点成功地将来自不同文化的舞蹈融合在一起,两者互相衬托,互相表现。男子的大气与粗犷、女子的温柔与热情通过热情洋溢的拉丁舞展现得淋漓尽致,同时也表现出了藏族人民对美好生活的热爱以及对爱情的歌颂与向往。在具体的创作过程中,创编者从拉丁舞的基本技巧出发,融合藏族舞蹈的古朴,现代与传统在艺术风格上找到了契合点,创造了独特的舞蹈艺术风格。

"中国元素"融入体育舞蹈,是当下体育舞蹈创新的新时尚,但却是一个不小的挑战,"中国元素"运用得是否合理,直接关系着体育舞蹈的创编效果。体育舞蹈和中国传统民族舞蹈都是相对独立的舞蹈形态,如何实现两者的高度契合是舞蹈创编者要认真考虑的问题。

(二)音乐方面

音乐之于舞蹈,正如绿叶之于花朵。舞蹈艺术的展现离不开音乐艺术的配合和熏染。音乐的合理运用,可以升华舞蹈的艺术感染力,对情绪的渲染、意境的烘托和情感的表达都有着积极的作用。

传统体育舞蹈的音乐节奏都比较强,这在一定程度上了弱化了音乐的旋律之美。为了避免这一问题,需要在一定范围内削弱传统体育音乐的强烈节奏感。在选择或者创编体育音乐中,有目的、有计划地将中国音乐元素融入体育音乐,通过一定的改编和融合将其作为舞蹈的主旋律,融入整个舞蹈作品的伴奏音乐中。中国民族音乐的使用,不仅能够使舞者更准确地理解音乐的内涵,从而通过自己的舞蹈语言充分表现舞蹈所要表达的思想情感,同时,作为观众也能通过自己熟悉的音乐中,迅速进入舞蹈的情境,和舞者产生情感上的共鸣,从而获得最佳的表演效果。

体育舞蹈对中国音乐的运用主要体现在中国民乐的直接应用和改编运用。以《西部放歌》为例进行说明。在这部作品的音乐方面,该舞蹈运用了四川康定的《康定情歌》,曲风婉转悠扬,配合着藏族传统舞蹈的演绎,两者交相辉映,相得益彰。在民族音乐与民族舞蹈的双重表达下,观众从中感受到了中华民族文化的包容能力,在音乐的作用下,外国观众也很容易被带入一种文化情境之中,促进了他们对中国文化的理解,并获得视觉和听觉上的唯美体验。

音乐具有沟通观众和舞蹈的作用,它可以跨越不同民族、不同背景和不同时代的鸿沟,通过舞蹈动作和舞者表情的配合与演绎,让观众在音乐的熏陶下,逐渐理解舞蹈所要表达的内容和情感。

(三)服饰方面

服装之于人体的功能,一为遮体避寒,二为审美需要。服装之于舞蹈的功能,在服装之于人体功能的基础上,主要表现为突出人体的形体美,刻画人物形象,从舞者的外在形象上提升舞蹈的品质。专门用于舞蹈的服饰称为演艺服饰。

体育舞蹈源于西方,东西方人种在外貌形体上也存在着鲜明的差异。西方人种相对东方人种,体格更加高大魁梧,体魄强健,且西方人以这种美作为人体美的最高体现。体育舞蹈的服饰自有西方的一套标准,在服饰的选择上,也多以能够突出人体健美的服饰为主。男士的服饰要突出肌肉形体之美,女性的服饰则要突出形体线条和圆润丰满之美。相比之下,东方人的骨骼轮廓偏瘦小,棱角不突出,传统的体育舞蹈服装显然不能充分展现东方人之美,而选择适合东方人的服饰就变得尤为重要。体育舞蹈传入我国后,受本土服饰文化的影响,体育舞蹈的服饰也有了更多的选择余地。将中国民族传统服饰元素引入体育舞蹈服饰,在满足了体育舞蹈服饰的基本要求下,还能凸显我们特有的中国之美。比如说中国女性的传统民族服饰——旗袍,就是最典型的中国服装,它不仅能凸显东方女性特有的韵味美,还提升了体育舞蹈的表现力。中国传统民族服饰的运用,让体育舞蹈变得更加韵味十足,极富有艺术表现力。

目前,古代服饰、少数民族服饰以及民国时期服饰等中国传统服饰已经广泛运用于体育舞蹈的服饰中。在由成兵和瞿娜佳两位舞者演绎的经典拉丁舞剧目《别》中,男女演员选择的是民国时期的服饰,符合该剧目的时代背景。该剧主要讲述的是20世纪30年代的大上海,一对相爱的男女离别的故事。剧中,女舞者身着旗袍,并以宝蓝色打底,发型则是民国时期流行的单侧波浪贴脸盘头；男舞者身穿黑色西装配以 V 领衬衫，发型为大奔头，使用的道具则是手编提箱。该剧目通过特定的服饰交代了民国上海滩的时代背景，通过男舞者运用的道具表现离别的故事情节，无论是服饰还是道具，都紧扣舞蹈的主题，对舞蹈的表达起到了锦上添花的作用。

再比如由北京舞蹈学院编排的剧目《姻缘》，对服饰的运用也极为讲究。首先，该剧目以中国传统婚礼为故事背景，讲述的却是女主不愿违背自己的意愿而与之成婚的感情纠葛。剧目中，女主身穿绿色长裙，外配以浅棕色灯笼袖纱衣，创编者试图从颜色上来表现女主对这段婚姻的反抗，男主则身穿白色长袍配以黑色长裤，黑白色调的鲜明对比，也表现了这段姻缘的不和谐。剧中，在男女的着装上毫无喜庆之感，反而充满了压抑之感，而唯一的红色是男士胸前佩戴的大红花，它边缘的红绸连接着女舞者的腰间，这红绸就好像一种无形的锁链将两个并不相爱的人强行拴在一起，观众可以通过这种服饰表达很直观地获得舞蹈要表达的思想情感。

（四）主题表现和意境

主题，是一个舞蹈作品的灵魂。任何舞蹈形式的表演都出于一定的主题需要，一段故事、一种情感、一种精神追求等都可以成为一个舞蹈剧目的主题。一个好的主题，可以整体提升舞蹈的品质和文化内涵。传统的体育舞蹈以摩登舞和拉丁舞为本体语言，直接表现人物情感。而"中国化"的体育舞蹈对主题的表现则相对含蓄了很多。在体育舞蹈的编创工作中，作为编创者要时刻以舞蹈作品的主题为创编宗旨，通过优美的肢体语言传递文化内涵。

中国体育舞蹈和西方体育舞蹈，因为中西方思维方式和情感表达方式的不同而在表演上表现出明显的差别。可以简单地概括为中国体育舞蹈是舞者的"随心而舞"，而西方体育舞蹈则主要是舞者的"随身而舞"，前者侧重于内心情感的表达，后者侧重于形体美与力量美的展现。中国体育舞蹈在力量的表现上不及西方体育舞蹈，而西方体育舞蹈在情感的表现上则相对欠缺。虽然我国体育舞蹈存在着力量美上的不足，但是融合了中华民族内在文化的体育舞蹈却有着别具特色的意境之美，而大量的事实也证明，中国体育舞蹈的意境之美深受世界人民的喜爱和欢迎。如果将东方的意境之美与西方的力量之美巧妙地结合到一起，那么体育舞蹈将更加光彩夺目。因此将中华民族内在文化融入对体育舞蹈的理解当中，建立更加完善的舞蹈形式，有利于促进体育舞蹈事业的长远发展。

第三节　体育舞蹈创新路径研究

在当前的时代环境下，我国体育舞蹈发展创新的基本路径就是走中国化道路，"中国元素"的运用要从体育舞蹈的形式和本质这两方面同时入手，展现中国之美，表达中国思想，传播中国文化，让中国体育舞蹈屹立在国际舞台的中央。

一、动作与编排的创新

目前，我国体育舞蹈还处于发展中期，在动作的编排上主要还是依赖于西方体育舞蹈意境成熟的动作编排套路，还没有形成我国特有的体育舞蹈动作编排套路，这是我国体育舞蹈目前面临的最大问题，也是亟须突破的问题。因为动作是舞蹈的基本元素，只有在动作上有所革新和突破，形成自己的套路，我们在世界体育舞蹈的舞台上才能有主导权。整体来看，世界体育舞蹈的动作技术一直在不断发展更新着，无论是单个动作还是成套动作，都在以技术更难、动作更快、数量更多的方向发展。中国体育舞蹈要想跟上国际体育舞蹈的发展，就必须紧跟国际体育舞蹈的发展形势，在积极学习西方先进动作的基础上，进行本土化的革新与创编，充分发挥我们的主观能动性，积极调动我们的想象力，敢想敢做敢尝试，充分挖掘我国传统文化元素并合理、科学地运用到体育舞蹈的动作编创中。

在我国古代文化历史中，"武"通"舞"，两者同源。舞蹈和武术均属于有规律的人体动作，有一定的共通之处并不难理解。据考证，在现存的武术动作中，仍然能找到宋代以后就销声匿迹了的古典舞的动作。刘晓黎曾经在其著作《武术与体育舞蹈融合发展》一文中提出了武术和体育舞蹈在动作编排、节奏、内容等方面有相似之处。这种相似之处，一定是基于肢体语言这一基本属性。而武术和体育舞蹈的不同，则主要是因为中西方民族在认知、思维方式和审美上的差异造成的。在文中，刘晓黎还提到花样滑冰和花样游泳作为"舶来品"同样走在世界前列，其主要原因就是他们都经过了本土文化的变革而最终形成了自己独特的风格。俗话说，物以稀为贵，只有你不同而又足够卓越，你才能引人注目。刘晓黎认为体育舞蹈作为竞技体育必须也要走民族化路线，才能走出一条阳光大道。在体育舞蹈的动作创编中应合理地融入中国传统武术、戏曲以及杂技等元素，尽情展示我中华民族之文化特色。

所以，体育舞蹈动作编排的中国化发展，可以充分参考我国传统武术文化。充分研究我国武术文化的美学价值，从动作的造型和技巧等方面积极探索武术与体育舞蹈之间的契合点，找到了契合点，就能将两者"合二为一"。我国武术文化博大精深，可以说有着取之不尽用之不竭的资源，作为体育舞蹈工作者要认真学习中国武术的美学特点，并将其广泛应用于体育舞蹈动作的创编之中。我国著名舞蹈艺术家吴晓邦先生曾说过："武舞同源，舞蹈的一半是武术，武术的一半是舞蹈，两者都是身体艺术的不同表现形式，只搞舞蹈不学武术是不行的……"吴老先生这段话发人深省。

除了中国武术，中国传统民间舞蹈、戏曲和杂技等艺术形式同样也可以融入体育舞蹈动作的套路创编中，只要是具有中国特色的所有的肢体运动形式都可以成为体育舞蹈动作套路创编的灵感源泉，从而打造富有中国特色的体育舞蹈动作，向世界展示中国特有的体育舞蹈魅力，争取成为西方体育舞蹈学习的对象。比如中国体操运动项目就诞生了影响世界的中国式动作，如"程菲跳""楼云跳"等。追求"标杆"，不如创造"标杆"，让自己成为"标杆"。

二、团体舞队形的创新

队形的变化是团体舞的灵魂所在，没有变化莫测的队形，团体舞就失去了应有的艺术魅力和表演价值。按照国际惯例，团体舞的参演人数共有8对男女选手，男女各4人，场地大小为23米×15米，8对选手以集体表演的形式，通过队形的不断变化，呈现出无与伦比的艺术效果。而团体舞在我国的推广，却突破了人数的限制，是团体舞适应我国运动国情的基本体现。人数的多少有时候直接决定着团体的表演效果。突破人数限制的团体舞在我国是有过先例的，例如北京"动之韵舞蹈团"的体育舞蹈团体舞就突破了传统的8对选手的限制。男女选手共23对，合计46名舞者共同参与了团体舞的演出，由于人数众多，队形的变化更加富有层次感和韵律感，场面之宏大，气势之磅礴，令人眼前一亮，掌声如潮，其表演效果可谓异彩纷呈，然而遗憾的是，这种规模的团体舞演出极为少见。

造成这种现象的原因：一是如此大规模的团体舞创编需要耗费大量的人力、财力和精力，除非是有特殊的任务要求，否则创编者一般不会去尝试这种"兴师动众、劳财伤神"的大创作；二是因为国际比赛沿用的依然是传统的团体舞规范标准，在人数上必须严格遵守8对选手的比赛规则。所以人数上的创新，很难走得通，那么就要从队形动作和队形变化上进行相应的创新，这种创新还是要从"中国元素"入手。比如火遍世界的中国聋哑人艺术团创编的集体舞《千手观音》就是一个典型的例子。

三、舞蹈音乐的创新

体育舞蹈音乐的"中国化创新"是体育舞蹈音乐多元化发展的必要路径。只有走中国化道路，才能让体育舞蹈音乐呈现出东方之美、中华之韵。尤其是民族音乐的运用更具有切实的可行性。体育舞蹈音乐的创新主要围绕着"中国音乐与体育舞蹈"的结合方式而进行。将中国民族音乐直接应用于体育舞蹈中，这是简单的"拿来主义"，是简单的中西结合，并非创新。

首先，如果是选用音乐，那么我们要对选用的民族音乐从节奏、曲调、旋律、风格、表现形式以及乡土气息等方面深入研究音乐的特点，探析它对体育舞蹈的影响和作用，从而找到它与体育舞蹈相结合的关键点，接下来才能进入具体的创作；其次，如果是根据体育舞蹈进行音乐的创作，那么我们就要分析体育舞蹈的特点和演出需要，并据此提出对音乐的具体要求，在此基础上进行体育舞蹈音乐的创作。不管是选用音乐还是创作音乐，都要使音乐符合体育舞蹈的风格，运用多媒体技术、音响特效等技术手段进一步完善体育舞蹈音乐。

我国体育舞蹈音乐主要还是以西方音乐为主。我国体育舞蹈音乐上要想有创新，就必须结合"中国元素"进行本土音乐文化的创新。同其他艺术形式一样，音乐也有着强烈的民族特征、地域特征和时代特征。在体育舞蹈的发展过程中，随之传播到世界各地的还有体育舞蹈音乐，两者相互成就。

体育舞蹈传入我国已有一段时间，但是体育舞蹈音乐在我国的发展却不明显。究其原因，一是因为我们习惯于体育舞蹈是西方舞蹈，那么音乐自然也是西方音乐，这种思维定式限制了我们对体育舞蹈音乐的创新追求；二是因为我们对自己的民族音乐没有自信。中国虽然有着悠久的历史，但几十年的落后状态，让我们失去了对本土文化的自信，这种文化自信的缺失一直影响着我们。但是有些国家却非常欣赏我们的文化，欣赏我们的民族音乐。在 2010 年 IDSF 摩尔多瓦体育舞蹈锦标赛上发生了一件十分有趣的事情，值得我们惊喜，更值得我们深思。当时，来自摩尔多瓦的 8 对选手将为观众呈现他们的团体舞，就在大家迫不及待的时候，舞台上空响起了来自中国的声音。《其实你不懂我的心》《天不下雨，天不刮风，天上有太阳》《姐姐妹妹站起来》等当时在我国比较流行的歌曲竟然成为摩尔多瓦团体舞的伴奏音乐。这是史无前例的音乐伴奏形式，令人耳目一新，欢快的音乐瞬间让整个赛场的气氛都活跃了起来，现场观众无不为之喝彩。最后，他们获得了亚军的殊荣。不得不说，这是一次非常积极的尝试，同时也证明了我国的音乐曲库中有很多音乐是适合体育舞蹈表演的。如民族歌曲《彩云追月》《乡恋》非常适合探戈舞；流行歌曲《今夜星光灿烂》适合华尔兹；中国古典乐曲《昭君出塞》适合布鲁斯舞的风格等。

自古以来，我国音乐文化就十分繁盛，有自己独特的曲风、自己独特的乐器，如今这些民风民乐也成为体育舞蹈音乐素材的曲库之一。但是在运用民风民乐的时候，一定要根据体育舞蹈的风格和表演需要进行合理的改编和创新，使之更加符合体育舞蹈表演的需要。

我国体育舞蹈事业的发展离不开创新。运用"中国元素"，是体育舞蹈中国化发展的必要途径和时代要求。创新就像源源不断的阳光一样总是能赋予体育舞蹈新的生命力。中国体育舞蹈的未来可期，相信在国家、政府和全民的共同努力下，我国体育舞蹈事业必将以其特有的中国特色之美盛放于国际舞台的中央。

第四节 "体育舞蹈中国化"的问题及优化解决

一、"体育舞蹈中国化"发展中出现的问题

（一）中国元素缺乏艺术性、科学性的运用

在进行体育舞蹈作品的创作中，合理地运用"中国元素"会起到锦上添花的作用，反之就会适得其反。目前，"中国元素"的运用成为体育舞蹈创作的新方向，但同时也不可避免地出现了一系列问题。有的创作者为了迎合观众的口味，大量使用感染力极强的"中国元素"，导致体育舞蹈的专业性大打折扣。甚至有一些作品存在着"换汤不换药"的现象，虽然换了演出的服装，换了不同的"中国元素"，但最后的选题却是别人使用过的，这种糊弄观众的可耻行为，更是不值得学习的。"中国元素"的运用，一定是在保证体育舞蹈基本属性的前提下，巧妙、合理、科学、适量地融入"中国元素"，让"中国元素"发挥它该发挥的作用，而不是毫无原则地将各种五花八门的"中国元素"一股脑儿都放进体育舞蹈这口"大锅"里一通乱炖。

（二）形式主义的融合模式

"中国元素"的运用最难以把握的就是形式上的运用。体育舞蹈是一种表现艺术，其从演员的舞蹈动作、服饰、面部表情、音乐、内涵表达等方面进行外在形体美的表达。"中国元素"的运用往往只重视在服饰、舞蹈动作、音乐等因素中的某一个方面上与体育

舞蹈进行着表面的融合，而忽略了其他因素之间的融合。完美的"中国元素"的运用，一定是在音乐、舞蹈动作、服饰、内涵表达等方面都融合得天衣无缝，与体育舞蹈相得益彰。

（三）碎片化的中国元素运用

"中国元素"的运用，不是运用几个中国特色文化符号就能做到的。这种碎片化的"中国元素"运用，对体育舞蹈的艺术表现力起不到积极作用。例如，有些创作者仅仅在体育舞蹈动作中加入几个从中国武术中习得的动作，而舞者在具体的展示过程中，因为前后衔接上存在困难，所以很难将其文化内涵表达出来，难以体现中国特色；还有一种碎片化情况是，"中国元素"的运用过于单一，不完整，甚至是错乱的状态，比如在服饰上运用了中国特有的颜色和图案，但是该民族服饰和服饰上的图案却是相互矛盾的存在；另外，对于中国文化元素的设计也没有深入进去，停留在形式上的表达。

二、体育舞蹈运用中国元素的优化办法

（一）编剧和舞者需要自省艺术与文化素养

"中国元素"的运用，绝对不是简单的"拿来主义"。作为舞蹈编创者和舞者要提高自己的中国文化修养和艺术素养，要充分了解中国传统文化的内涵和思想。张艺谋导演的芭蕾舞剧《大红灯笼高高挂》开创了"中国元素"与西方舞蹈"芭蕾"进行中西融合的先例。但是业内的反响并不好，甚至备受诟病，究其原因就是"芭蕾"与"中国元素"的结合出现了问题，一度被认为是大杂烩。这与张艺谋对芭蕾舞蹈的认识不够有关，也与他对"中国元素"的理解不够有关系。但不管怎样这都是一次积极的尝试，虽败犹荣。所以说，舞蹈编创者自身的文化素养和艺术修养对于一部作品来说是多么重要。

（二）融入中国元素时需要掌握一定的尺度

运用"中国元素"时，一定要注意"度"的把握。目前，"中国元素"存在着过量运用、碎片化使用的情况，导致"中国元素"的运用只停留在体育舞蹈的形式和表面上。这种形式化、片面化和表面化的运用，不仅不能提升体育舞蹈的艺术表现力，同时也无法完整地体现中国文化的内涵。作为体育舞蹈的编创者一定要清楚我们运用"中国元素"的目的和意义何在，更要在进行动作套路创编之前，就要设计好"中国元素"的运用方式和呈现方式。如何更好地使"中国元素"融入体育舞蹈，又该如何通过体育舞蹈去表

现"中国元素"的文化内涵，只有清楚了这些问题，才能把握好"中国元素"的运用尺度，做到不滥用，不乱用。

（三）和谐的中国元素才能融入体育舞蹈

并非只要是"中国元素"就可以无原则地运用到体育舞蹈中去。"中国元素"与体育舞蹈的融合要高度和谐而统一，自成一体，如此，两者之间都能得到充分的展示。在具体的创编过程中，作为舞蹈的创编者要进行大量缜密的思考和研究，比如要仔细考虑各元素之间的链接和过渡，各元素与体育舞蹈动作、音乐之间的融合点是否自然流畅等问题，使"中国元素"能够高度自然地融入体育舞蹈中，同样，作为舞者也要认真研究如何通过自己的舞蹈动作和表情去表现"中国元素"的文化内涵，突出舞蹈要表现的主题。体育舞蹈中国化的发展道路最好的状态是用"中国元素"去讲"中国故事"，所以在策划舞蹈选题的时候，要注意选题的高度，一个好的选题，往往是决定一个作品成败的关键。

当然，中国体育舞蹈事业的发展还有很长的路要走，我们所提出的"中国化"道路也是根据当下时代的需要而做出的必要选择。没有一种方式可以一劳永逸地维持着中国体育舞蹈事业的发展。不同的时代背景下，其发展路径和方向也不同。"中国元素"的有效期到底有多长，谁也不能给出准确答案。我国体育舞蹈事业的发展要以"中国化"发展为基本路线，积极运用"中国元素"，使其更好地服务于体育舞蹈的艺术表达，同时，也要积极借鉴其他国家的发展思路，拓宽创新思路，积极利用多媒体技术的优势，将传统和现代相结合，单一与多元相结合，本土与国际相结合，多措并举，促进体育舞蹈事业的发展。我们要以发展的眼光看待体育舞蹈的发展问题，要与时俱进，紧跟时代和国际形势的发展，在丰富本土体育舞蹈表现形式的基础上，进行综合国力和本土文化的输出，届时我国体育舞蹈必然会在国际舞台有自己的一席之地。

参考文献

[1] 徐丽蓉，姜淑艳. 舞蹈文化普及教育与实施 [M]. 长春：吉林出版集团股份有限公司，2019.

[2] 戈俊. 体育舞蹈大众健身理论与方法指导 [M]. 北京：中国书籍出版社，2019.

[3] 王虹. 新时代体育舞蹈创作与研究 [M]. 长春：吉林文史出版社，2019.

[4] 符雪姣. 健美操和体育舞蹈的审美价值与健身价值研究 [M]. 长春：东北师范大学出版社，2019.

[5] 李国玲. 体育舞蹈中形体美学的探索和研究 [M]. 北京：中国戏剧出版社，2017.

[6] 王莹. 体育舞蹈"中国化"研究 [M]. 长春：吉林美术出版社，2017.

[7] 黎勇，马志兰. 体育舞蹈理论与形体训练研究 [M]. 长春：吉林大学出版社，2017.

[8] 陈伟，刘青. 民族体育创新发展研究 [M]. 西安：西安电子科技大学出版社，2017.

[9] 崔高原. 产业视城下的体育舞蹈发展研究 [M]. 长春：东北师范大学出版社，2017.

[10] 赵晓玲. 体育舞蹈教程 [M]. 重庆：重庆大学出版社，2017.

[11] 熊浩然. 体育舞蹈与全民健身 [M]. 北京：科学技术文献出版社，2018.

[12] 陈泽刚. 体育舞蹈技法概论 [M]. 北京：中国纺织出版社，2018.

[13] 刘佳. 体育舞蹈教学理论与实践 [M]. 北京：新华出版社，2018.

[14] 曹伟平. 体育舞蹈艺术与舞蹈文化研究 [M]. 天津：天津科学技术出版社，2018.

[15] 彭文耀. 竞技体育舞蹈发展与教学研究 [M]. 郑州：郑州大学出版社，2018.

[16] 鲁春霞，邱璇. 体育舞蹈技术研究与发展探析 [M]. 徐州：中国矿业大学出版社，2018.

[17] 朱萍. 体育舞蹈 [M]. 杭州：浙江大学出版社，2016.

[18] 吴东方. 中国体育舞蹈理论研究最新成果 [M]. 武汉：武汉大学出版社，2016.

[19] 马跃野，姜淑艳. 高校体育舞蹈教学中的美育研究 [J]. 科技世界，2012（6）97-97.

[20] 徐成龙. 舞蹈学基本理论概述 [M]. 济南：山东人民出版社，2014.